온전한 십일조 그리스도 예수
십분의 일의 불편한 진실

십분의 일의 불편한 진실
온전한 십일조 그리스도 예수

초판 1쇄 발행 2022년 8월 8일

지은이 박정희
펴낸이 장길수
펴낸곳 지식과감성#
출판등록 제2012-000081호

교정 한지현
디자인 이은지
편집 정한나
검수 양수진, 이현
마케팅 고은빛, 정연우

주소 서울시 금천구 벚꽃로298 대륭포스트타워6차 1212호
전화 070-4651-3730~4
팩스 070-4325-7006
이메일 ksbookup@naver.com
홈페이지 www.knsbookup.com

ISBN 979-11-392-0610-4(03230)
값 15,000원

- 이 책의 판권은 지은이에게 있습니다.
- 이 책 내용의 전부 또는 일부를 재사용하려면 반드시 지은이의 서면 동의를 받아야 합니다.
- 잘못된 책은 구입하신 곳에서 바꾸어 드립니다.
- All scripture quotations in this publication are from the Contemporary English Version
  Copyright © 1991, 1992, 1995 by American Bible Society, Used by Permission.

지식과감성#
홈페이지 바로가기

온전한 십일조 그리스도 예수

십분의 일의 불편한 진실

박정희 지음

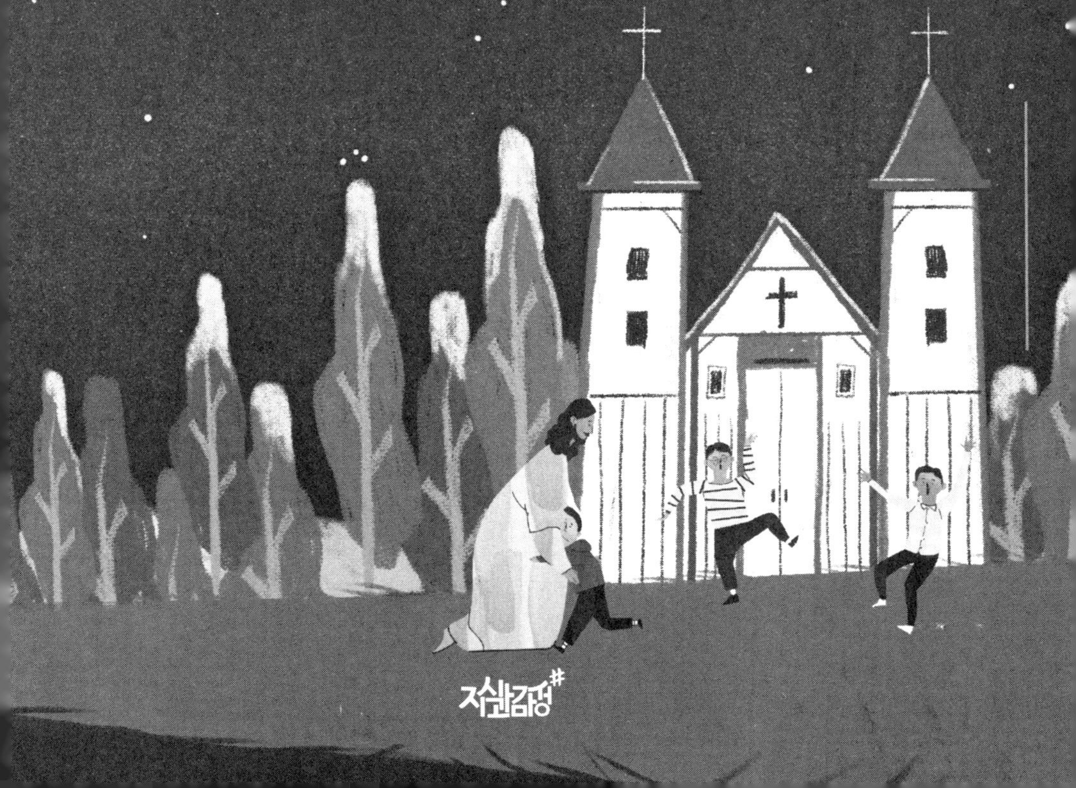

지식과감성#

All scripture quotations in this publication are from the Contemporary English Version Copyright © 1991, 1992, 1995 by American Bible Society, Used by Permission.

차례

Prologue • 10

들어가기

성경으로 읽는 온전한 십일조 개념 맛보기

- 십일조는 처음 난 처음 것 • 12

십일조의 의미와 본질

- 율법은 장차 올 좋은 것의 그림자 • 17
  (표적으로서의 율법 십일조가 가리키고 있는 의미)
- 예수님의 제자들이 풀어주는 십일조의 의미(신명기 15장) • 23
- 아브라함의 십일조 • 25
- 예수님이 언급한 십일조의 의미 • 30
  (율법을 행위로서 행하라고 했다고?)

직업에 따른 십일조

- 하늘에 속한 자 곧 성도의 직업과 십일조 • 33
- 땅에 속한 자 곧 가인의 직업과 십일조 • 40

온전한 십일조 그리스도 예수

- 십일조를 믿음이라고 드리는 사람들에 대한 하나님의 책망 • 44
- 아버지에 의한 첫 창조, 아들에 의한 새 창조 • 46
  바다의 물고기와 공중의 새, 땅의 모든 짐승
  (십일조로 세상을 창조하다!)

- 하나님이 구별하신 복, 바로 당신입니다! •57
  하나님의 것 곧 처음 난 처음 것 십일조는 바로 나!

온전한 십일조 되시는 여호와 하나님은 누구일까요?
하나님이라는 이름의 의미(요 1장)

- 하나님 이름의 뜻 •61
- 하나님은 누구죠? •65

하나님의 에스컬레이터
온전한 십일조 그리스도 예수와 떠나는 구원 여행!
(성경이 들려주는 십일조의 본질, 그 메시지)

- 사람의 탄생과 창조(창세기 2:7) •67
- 사람의 처음 모습, 직업 •71
- 십일조를 신앙의 이름으로 드리는 사람들의 속내 •74
  (하나님을 쳐 죽인 가인의 저주와 악)
- 창세기에 처음 등장하는 온전한 십일조, 아벨이 드린 영 단번의 제물과 제사 •77

믿음으로 드리는 온전한 십일조

- 처음 난 처음 것 하나님의 것 그리스도 예수 •94
- 한 줌의 흙에서 하나님의 형상을 닮은 '사람'으로의 부활 •99
  (하나님 곧 신 혹은 그리스도 예수라는 십일조에 의해서
  창조되는 신들, 십일조)

- 죄, 인간의 죄   • 101
  (인간의 원죄적 죄가 무엇인가요?)

**온전한 십일조 그리스도 예수만이
나를 죄에서 출애굽 할 수 있다!**

- 유월절 어린 양의 피, 온전한 십일조 그리스도 예수   • 105

**출애굽 후에 하나님이 이스라엘 백성에게 명하신
십일조의 본질**

- 처음 난 처음 것 하나님의 것   • 112
  (이스라엘의 장자, 온전한 십일조 그리스도 예수)
- 온전한 십일조 그리스도 예수의 모형으로 그려지는 레위지파   • 115
  (하나님의 것 온전한 십일조의 본질, 하나님의 메시지)
- 예수님은 2천 년 전에 오셨을까?   • 117
- 성령 받고 방언(Language) 받기   • 122
- 성경대로 말씀에 순종하며 산다는 것의 의미!   • 127
- 하나님을 믿지 않는 자들이 드리는 가인의 십일조   • 129
- 그럼 어떻게 복음을 전해야 할까?   • 131
  (성령의 도움으로 내 안에 숨겨진 두루마리 성경이 밝히 드러나야 합니다. 그래서 내가 하나님과 같은 신이 되어야 복음을 전파할 수 있습니다.)

어느 신학대학원에 재학 중인 부부에 관한 기도응답   • 136

하나님의 나라가 임했는데 보이지 않나요?

- 그리스도 예수는 성령으로 재림하셨고, 하나님 나라도 임했습니다. • 138
  (휴거, 종말, 베리칩 666)
- 온전한 십일조가 맺는 열매, 성령의 열매, 말(혀, 방언)의 열매 • 142
- 온전한 십일조이며 말씀이신 그리스도를 부정하는 성령 훼방 죄 • 146
- 먹는 음식(기호 식품)으로 스스로를 경건하게 만들 수 있을까? • 148
  (온전한 십일조를 양식으로 먹어야 합니다.)
- 가인의 십일조를 드리며 만사형통을 쫓는 사람들 • 150
- 죄와 율법 • 154
- 건물 성전도 없고, 레위지파 제사장도 없고, 소득의 십일조도 없다. • 158
- 하나님의 예정과 작정으로 성도는 온전한 십일조로 창조되었다. • 161
- 헛것을 쫓으며 표적을 구하는 예수 무당들! • 167
  (여전히 표적과 하나님의 음성을 쫓는 사람들)
- 구원, 영생은 착각인가? • 171
- 예수 믿으면 구원 받는가? • 173
- 성경이 증언하는 동성애에 관한 고찰 • 176
- 안식(구원)의 주인공이 되시겠습니까? • 179
  반역자(불순종)가 되시겠습니까?
- 율법의 폐함(건물성전의 무너짐) • 183
  거룩한 성 새 예루살렘으로의 부활(산 자의 어미(사라), 온전한 십일조)
- 하나님 나라(하나님이 통치하는 곳, 천국)는 어디에 있고 언제 임하나요? • 186
- 믿음의 조상 아브라함은 율법으로 구원받았나요? • 189
- 온전한 십일조 하나님의 장자들은 야베스가 드린 기도를 드립니다! • 192
- 땅의 소산을 십일조로 하나님께 드리는 자들의 불의와 그들에게 임할 심판 • 195

- 거저 받은 하늘양식 곧 온전한 십일조를 나누는 것이 이웃사랑입니다! • 199
- 포도나무와 가지, 생명나무와 열매(온전한 십일조로 낳는 장자들 곧 성도) • 201
- 자기 백성에게 양식이 되어주시는 온전한 십일조 • 205
  "생명의 말씀, 여호와 하나님 그리스도 예수"
- 온전한 십일조 하늘양식을 먹어야 구원에 이를 수 있습니다! • 207
- 온전한 십일조를 구하지 않는 이 시대에 수많은 소돔과 고모라가 있다! • 209
- 빛, 보증(온전한 십일조 그리스도 예수) • 211
- 온전한 십일조 양식을 가진 히브리 사람 이스라엘의 행함이 있는 믿음 • 213
- 온전한 십일조 포도나무, 두 그루의 나무, 한 그루의 나무 • 216
- 동산 중앙에 서 있던 하늘의 양식, 온전한 십일조 되시는 그리스도 예수! • 222
- 인간은 왜 원죄의 속성을 가질 수밖에 없는가? • 225
- 구원이란 무엇인가? • 231
- 그리스도인의 삶, 영적 전쟁, 진리의 말씀에 의해서 첫 열매 • 235
  곧 온전한 십일조로 세워져서 진리가 되는 것!

Epilogue • 237

Prologue

　하나님은 사람을 말씀으로 창조했습니다. 하나님이 사람을 창조했다는 것은 하나님처럼 '아가페 사랑'을 지닌 존재로서 사람을 낳았다는 말이며 하나님이 마치 아이를 낳는 산모처럼 출산의 고통을 인내했다는 뜻이 됩니다. 흔히 우리는 이를 '하나님이 사람을 당신의 형상대로 지었다.'라고 알고 있습니다. 그 후에 하나님은 사람에게 그의 복(His Blessing)을 주셨다고 성경은 증언합니다. 그럼 한 줌의 흙에 불과한 사람이 하나님께 받은 복(Blessing)은 무엇일까요?

　하나님이 사람에게 준 당신의 복은 샤머니즘에서 말하는 복이 아닙니다. 하나님이 교회와 성도, 곧 사람에게 준 복은 사람이 추구하는 보편적 가치와는 거리가 먼 하늘의 복입니다. 여기에서 말하는 복(Blessing)은 '어린 양의 피로 흠 없이 성별되어 예배를 위해 하나님이 직접 예비하신 제물' 즉 '성별하다, 구별하다.'라는 성경적 어원을 갖습니다. 하나님은 사람 곧 성도를 어린 양, 그리스도 예수의 피로 세례를 주어 하나님께서 유일하게 기뻐 받으시는 십일조 제물로서 하나님 당신을 위해 이미 준비했습니다.

　하나님은 사람을 지을 때부터 온전한 십일조 제물로 우리를 성별하셨습니다. 이 책은 태초의 계획안에서 준비된 하나님의 십일조에 대한 이야기를 나누기 위한 내용을 담았습니다.

성경을 사사로이 사람의 생각으로 풀어서 복음이라고
설교하면 하나님의 저주가 임합니다.

온전한 십일조는 생업 활동을 통해서 얻은 수입,
곧 땅의 소산의 일부를 하나님의 것이라며
구별해서 드리는 것이 아닙니다!

들어가기

성경으로 읽는 온전한 십일조 개념 맛보기

십일조는 처음 난 처음 것
베드로후서 1:20~21(2 Peter 1:20~21)

20. But you need to realize that no one alone can understand any of the prophecies in the Scriptures.

너희가 알 것은 사람은 그 누구도 스스로 성경의 모든 예언을 그 진의대로 알 수 없느니라.

21. The prophets did not think these things up on their own, but they were guided by the Spirit of God.

하나님의 말씀을 대언하는 예언자들도 성경을 그들의 생각으로 풀지 않고, 하나님의 영 곧 성령의 인도를 따라서 설교했느니라.

성경을 가르치고 설교하려면 성경에 감춰진 크고 놀라운 비밀 곧 그리스도 예수에 관한 계시(예언)를 그 진의대로 알아야 합니다. 진의를 알려고 하지 않고 알지도 못하면서 사사로이 사람의 생각으로 성경을 세상 풍조나 교훈 혹은 삶의 가치를 추구하는데 도움이 되는 세상사는 인간적인 지혜나 삶의 적용 지침 등으로 풀어서 복음이라고 전하면 큰 일 납니다.

성경을 사람의 생각으로, 눈에 보이는 대로, 문자적으로 풀면 하나님께서 성경에 감추신 그리스도 예수에 관한 크고 놀라운 비밀이 보이지 않습니다. 그러면 보암직하고 먹음직한 선악과로 보여서 사람으로 하여금 하나님께 대적하게 만듭니다. 그러므로 성경을 가르치고 설교하는 사람들은 반드시 성령을 구하고, 찾고, 두드리면서, 성령의 조명을 받아야 합니다.

누가복음 11:13(Luke 11:13)

13. As bad as you are "you still know how to give good gifts to your children. But your heavenly Father is even more ready to give the Holy Spirit to anyone who asks."

"아무리 너희가 악할지라도 자식에게 좋은 것을 줄 줄 알거든 하물며 하늘 아버지께서 구하는 자에게 성령을 주시지 않겠느냐." 하시니라.

하나님이 원하는 기도, 성도가 하나님께 간구함으로 유일하게 응답 받는 기도는 성령을 구하는 것입니다. 이는 하나님이신 예수님께서 반드시 주시겠다고 하신 약속으로, 성도는 주야로 성령을 구하고 찾고 두드리며, 성경을 묵상하며, 성경이 들려주는 그리스도 예수에 관한 예언에 귀 기울여야 합니다. 왜냐하면 성령을 구하지 않고 내 생각으로 성경을 사사로이 풀면 하나님을 믿지 않는 자들 가운데서 역사하는 악령 곧 사탄에게 미혹되어 성경을 온 천하를 갖는 세상 풍조로 곡해하기 때문입니다. 그렇게 되면, 하나님과 영원히 이혼하게 되고, 생명을 잃은 상태로 지옥에 영원히 갇히게 됩니다.

요한복음 16:13(John 16:13)

13. The Spirit shows what is true and will come and guide you into the full truth. The Spirit doesn't speak on his own. He will tell you only what he has heard from me, and he will let you know what is going to happen.

진리의 성령이 오셔서 그가 너희에게 진리를 온전히 알게 하시리니 그는 스스로 말하지 않고 오직 내게 들은 것만을 말할 것이요, 하나님이 너희를 위해서 작정하고 예정하신 일을 너희에게 알리시리라.

하나님이신 예수님이 말씀하십니다. 성령을 구하고 찾고 두드리면 하늘 아버지께서 성령을 반드시 주실 것이고, 성령이 오면 우리에게 성경에 감춰진 진리 곧 그리스도 예수에 관한 복음을 들려주실 것이라고 합니다. 그런데 성령이 들려주는 복음은 성령이 스스로 말하는 것이 아니요, 하나님이신 그리스도 예수께서 성령에게 들려준 복음이라고 합니다.

"내가 너희를 창조할 때에, 어린 양의 피로 할례를 주고 흠 없고 점 없는 나의 제물로 성별했느니라. 너희는 내가 말씀으로 맺은 열매 곧 처음 난 처음 것, 온전한 십일조니라."

에베소서 4:4~5(Ephesians 4:4~5)
4. All of you are part of the same body. There is only one Spirit of God, just as you were given one hope when you were chosen to be God's people.
성령도 한 분이시니 너희 성도는 그리스도를 머리로 하는 교회의 한 몸이요, 한 소망 안에서 너희가 하나님의 백성으로서 부르심을 받았느니라.

5. We have only one Lord, one faith, and one baptism.
그러므로 우리는 한 분 하나님으로부터 오는 한 성령 안에서 동일한 믿음으로 동일한 말씀을 받아서 그 말씀을 믿느니라.

　성령을 구하고, 찾고, 두드려서 성도가 받는 성령은 한 분 하나님으로부터 오는 한 성령입니다. 그러므로 그 성령이 풀어주는 성경의 뜻도 하나입니다. 사람에 따라서 성경의 해석이 달라질 수 없고, 더욱이 성령은 성경을 사람이 이 세상에서 살아갈 때 필요한 삶의 가치를 추구하거나, 세상사에 도움이 되는 지혜나 삶의 적용 지침 등으로는 절대 풀지 않습니다.
　성경에서 말하는 선한 일은 성경이 증언하는 그리스도 예수에 관한 얘기를 귀 기울여서 잘 듣고 이를 다른 사람에게 전하고 가르치는 것인데, 그것이 곧 하나님이 말씀하시는 선한 일, 하나님의 일입니다. 반면에 성경을 눈에 보이는 대로, 문자대로 교훈이나, 윤리, 도덕, 해야 할 것과 하지 말아야 할 것, 세상사는 지혜 혹은 삶의 적용 지침 같은 세상 풍조로 전하고 가르쳐서 세상을 변화시키겠다고 하고, 사람은 성화를 이뤄야 한다고 하는 것은 선한 일이 아닙니다.
　사람이 살아가면서 구성원으로서 마땅히 해야 하고 지켜야 하는 도리도 할 필요가 없다고 부정하는 것이 아닙니다. 하지만 이는 하나님을 믿는 신앙과는 상관없이 불신자, 이방 종교를 숭배하는 사람들도 행하는 사람의 도리이지, 신앙과는 무관합니다.
　한국 교회가 주장하는 생업 활동을 통해서 얻은 소산은 하나님께서 주시는 것이니 일부분을 하나님께 드려야 한다는 십일조가 성립하려면 우선 품삯을 얻기 위한 '일'이 무엇인지를 정의해야 합니다. 그렇다면 하나님을 믿는 하나님 나라의 백성들에게는 어떤 일이 주어지는지 살펴보도록 하겠습니다.

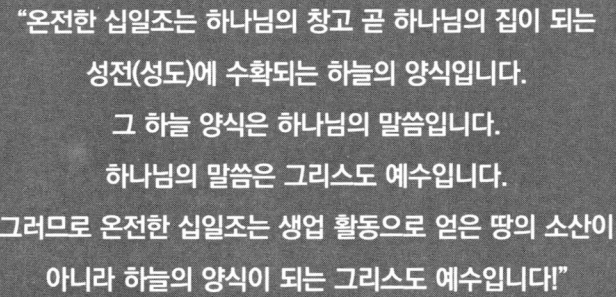

"온전한 십일조는 하나님의 창고 곧 하나님의 집이 되는
성전(성도)에 수확되는 하늘의 양식입니다.
그 하늘 양식은 하나님의 말씀입니다.
하나님의 말씀은 그리스도 예수입니다.
그러므로 온전한 십일조는 생업 활동으로 얻은 땅의 소산이
아니라 하늘의 양식이 되는 그리스도 예수입니다!"

십일조의 의미와 본질

구약(Old Testament)을 간단하게 설명하면 모세가 시내 산에서 하나님께로부터 받은 생명을 주는 말씀 곧 복음입니다. 이는 그리스도 예수에 관한 얘기입니다. 하지만 구약의 이스라엘 백성은 하나님이 전파하신 그리스도 예수에 관한 복음을 선악의 율법으로 곡해해서 열심히 행하며, 자신의 의로 여기기까지 했습니다.

그리스도 예수에 관한 복음을 알아듣지 못하고 자기 보기에 옳은 대로, 멋대로, 소견대로 율법으로 곡해해서 행하는 이스라엘 백성들을 바라보며 하나님은 답답하셨습니다. 그래서 여러 선지자들을 차례로 보내서 그 진의를 설명했습니다. 하지만 여전히 이스라엘 백성들은 그들이 율법으로 곡해하는 하나님의 계명 곧 복음이 담고 있는 그리스도 예수를 깨닫지 못하고 하나님께 대적했습니다. 십일조도 그중에 하나였습니다.

율법은 장차 올 좋은 것의 그림자
(표적으로서의 율법 십일조가 가리키고 있는 의미)

히브리서 1~2, 5~6, 10, 18(Hebrew 1~2, 5~6, 10, 18)

1. The Law of Moses is like a shadow of the good things to come. This shadow isn't the good things themselves, because it cannot free people from sin by the sacrifices that are offered year after year.

모세의 율법은 앞으로 올 좋은 것의 그림자일 뿐 선한 것이 될 수 없으니, 율법의 행위로서 해마다 드리는 제물(십일조)과 제사로는 사람을 죄의 매임에서 해방시킬 수 없음이라.

　구약의 이스라엘 백성들이 율법으로 곡해했던 계명은 무언가를 설명하고 가리키기 위한 그림자였고 표적이었습니다. 다시 말해, 이스라엘 백성들이 알고 깨달아야 하는 어떤 것을 가르치기 위한 학습 도구였습니다. 그중에서 짐승의 제물(처음 난 첫 것의 양, 소, 염소)이나 곡물 즉 열매 맺는 곡식이나 포도주, 올리브 등은 이스라엘 온 백성을 대표해서 그들의 죗값을 대신하기 위해서 드려진 유월절 어린 양 곧 문설주 십자가에 못 박힌 온전한 십일조를 가리키는 그림자였습니다.

　어린 양 그리스도 예수는 처음 난 처음 것으로서의 하나님의 장자 곧 하나님께 속한 흠 없고 점 없는 십일조입니다. 이 제물은 하나님이 창세전에 이미 작정하고 예정한 당신의 백성을 죄로부터 해방시키기 위해서 직접 준비하신 당신을 위한 십일조입니다.

　하나님은 사람이 손으로 지은 것의 섬김과 예배를 받지 않으시고 오직 당신께 속한 온전한 십일조 제물로 드려지는 제사만을 받으십니다. 하지만 구약의 이스라엘 백성들은 십일조 표적이 가리키는 진의를 알려고 하지 않고, 율법을 행위로서 지키겠다며 열심히 피의 제사를 드렸습니다. 게다가 구약의 율법은 유대교나 이스라엘 백성들에게만 해당되지, 우리와 같은 이방인들과는 아무런 상관이 없습니다. 그런데 그 진의를 모르는 것도 모자라서, 곡물이나 짐승이 아닌 현금으로 십일조를 한다는 것 자체가 배도 행위입니다.

　2. If there were worshipers who already have their sins washed away and their consciences made clear, there would not be any need to go on offering sacrifices.

하지만, 만일 예배드리는 자들이 죄 사함을 받고 정결하게 되면 제물과 제사를 드릴 필요가 없음이라.

죄 사함을 위한 제사의 제물로서 그리스도 예수를 가리키는 표적으로 드려졌던 십일조는 이제 그리스도 예수께서 문설주 십자가에 영단번의 제물로 드려졌다. 그러므로 그를 믿는 우리가 죄 사함을 얻었기에 더 이상 하나님께 드릴 필요가 없습니다.

만일, 어떤 명분으로든 어떤 형태(짐승, 곡물, 돈)로 십일조를 드리면 이는 메시아 그리스도 예수를 인정하지 않는 것이요, 그리스도 예수께서 십자가에 못 박혀 죽으신 희생을 조롱하는 배교 행위입니다.

5. When Christ came into the world, he said to God, "Sacrifices and offerings are not what you want, but you have given me my body."

예수께서 세상에 오실 때에 하나님께 이르시되 "당신이 원하는 것은 제사와 제물(십일조)이 아니요, 이를 대신해서 드려질 내 몸을 제게 주셨나이다."

하나님이 많은 선지자들을 구약의 이스라엘 백성들에게 차례로 보내면서 외친 것은 "순종(하나님의 진의를 잘 듣기)이 제사보다 낫다."였습니다. 하나님은 이스라엘 백성들에게 그들이 오해했던 율법적 십일조를 원했던 것이 아니었습니다. 하나님이 율법의 십일조를 통해서 가르치려 했던 본질 곧 죄 사함을 위한 영단번의 제물, 온전한 십일조는 그리스도 예수였습니다.

피조물 사람이 선악의 율법을 행위로서 행하겠다는 것이 하나님을 믿지 않는 죄요, 그 죄로 말미암아 생명을 잃고 사망에 이르는데, 죽음에서 부활하기 위해서는 그 죗값을 대신 갚아줄 보증인이 필요합니다. 이를 위해서 하나님이 이스라엘 백성들에게 죗값을 위한 십일조 제물로서 그리스도 예수를 내어주셨습니다. 하나님은 구약 내내 이스라엘 백성들에게 자신들을 대신해서 빚보증을 섰던 온전한 십일조 제물 그리스도 예수를 알라고 외치셨지만, 이스라엘 백성들은 아랑곳하지 않고 십일조를 드리며 피의 제사를 드렸습니다.

6. No, you are not pleased with animal sacrifices and offerings for sin.
하나님 당신은 죄 사함을 위한 예배를 드릴 때에 드려지는 동물의 제물을 원치 않으시니.

10. So we are made holy because Christ obeyed God and offered himself once for all.
그러므로 하나님께 순종한 그리스도 예수께서 당신을 단번의 제물(십일조)로 드리심으로 우리도 흠 없고 점 없이 된 것이라.

18. When sins are forgiven, there is no more need to offer sacrifices.
죄 사함을 받으면 더 이상 제물(십일조)과 제사를 드릴 필요가 없느니라.

다시 말하지만, 구약의 율법에서도 십일조는 소득 활동을 통해서 얻은 수입의 십분의 일이 아니었습니다. 오히려 율법은 돈으로 십일조 하는 것을 금

했고, 하나님도 헌금의 명목으로 십일조를 하지 못하게 하셨습니다. 더욱이 십일조는 이스라엘 백성들의 죗값을 대표해서 흠 없고 점 없는 영단번의 제물로 문설주 십자가에 못 박힌 그리스도 예수를 가리키는 표적이었기 때문에, 그리스도 예수께서 육신으로 오셔서 영단번의 십일조 제물로서 하나님께 드려졌고, 이로 인해 하나님과 사람 사이를 막고 있던 증오의 벽이 무너지고 우리의 죄가 단번에 사함을 얻었음으로 더 이상 십일조는 드려서는 안 됩니다.

골로새서 2:16~17(Colossians 2:16~17)

16. Don't let anyone tell you what you must eat or drink. Don't let them say that you must celebrate the New Moon festival, the Sabbath, or any other festival.

누구든지 너희가 먹는 것과 마시는 것으로 너희를 책망하지 못하게 하라. 또 너희에게 월삭이나 안식일이나 다른 절기를 행하라고 말하는 이들을 경계하라.

17. These things are only a shadow of what was to come. But Christ is real.

이것들은 앞으로 올 것의 그림자일 뿐이나 그리스도 예수는 진짜니라.

그리스도 예수를 가리키는 표적이었던 율법이나 절기, 제사는 이제 더 이상 기념해서는 안 됩니다. 왜냐하면 진짜가 오셨기 때문에 그를 대신하던 것들은 쓸모가 없어졌기 때문입니다. 진짜가 왔음에도 여전히 그 표적을 바라보고 있다는 것은 진짜를 인정하지 않고 믿지 않는다는 것을 뜻합니다. 구약의 십일조도 마찬가지로 생업활동을 통해서 얻은 수입의 십분의 일이 아닌, 온 이스라엘 백성들을 대표하여 죄 사함을 위한 제물로 드려질 장자, 맏형으로서의 십일조 곧 그리스도 예수를 뜻하는 그림자였습니다.

예수님의 제자들이 풀어주는 십일조의 의미
(신명기 15장)

야고보서 1:18(James 1:18)

18. He wanted us to be his own special people, and so he sent the true message to give us new birth.

하나님이 우리를 당신의 첫 열매가 되게 하시려 진리의 복음 곧 진리의 말씀이신 그리스도 예수로 우리를 낳으셨느니라.

모세가 시내 산에서 하나님께로부터 듣고 배운 것은 율법이 아니었습니다. 그는 하나님께 그리스도 예수에 관한 복음을 들었습니다. 하지만 모세를 통해서 이스라엘 백성들에게 전해진 복음은 율법으로 곡해되어 끊임없이 죄를 생산했습니다.

도무지 복음을 알아듣지 못하는 이스라엘 백성들을 위해서 하나님은 여러 선지자들을 보내서 이렇게도 설명해보고 저렇게도 설명해보았지만 소용없었습니다. 그래서 이제는 말하는 성전이 되는 하나님 곧 그리스도 예수께서 직접 오셔서 율법으로 곡해되었던 그리스도의 복음을 풀어서 설명해 주셨고, 이는 제자들이나 예수님의 형제들에 의해서 전파되었습니다.

십일조도 마찬가지입니다. 그리스도 예수를 가리키는 표적으로서 신명기에 명시된 십일조의 의미를 야고보가 그 진의대로 정확하게 풀어서 설명하고 있습니다.

그의 탄생 이후부터 십일조는 그리스도 예수입니다. 그런데 그리스도 예수는 사람을 위로부터 낳아 하나님의 첫 열매가 되게 하는 생명의 씨앗 곧 하나님의 말씀입니다. 우리는 그리스도 예수를 생명을 낳는 한 알의 밀알로도 표현합니다.

  하나님의 창세전 예정과 작정으로 하나님의 자녀가 된 성도 곧 하나님의 아들들도 죄로 인하여 생명을 잃고 이 세상, 지옥으로 쫓겨났습니다. 하지만 그들은 그리스도 예수라는 생명의 씨앗 곧 하나님의 말씀이라는 성령에 의해서 잉태되어 위로부터 나아지고 첫 열매로 맺힙니다. 다시 말해, 성도는 하나님이 성령으로 잉태해서 낳은 처음 난 처음 것, 장자, 십일조입니다. 하나님이 말씀하시는 십일조는 흠 없고 점 없는 죄 사함을 위한 영단번의 제물 어린 양 그리스도 예수와 더불어 그리스도 예수에 의해서 죽었다가 하나님의 첫 열매로 부활한 성도입니다.

아브라함의 십일조

모두가 무조건 십일조를 드려야 한다고 의기양양하게 주장하는 사람들이 내세우는 근거는 창세기 14장입니다. 왜냐하면 믿음의 조상 아브라함도 하나님께 십일조를 드렸으니, 마땅히 우리도 드려야 한다는 것입니다.

과연 그럴까요? 아브라함이 하나님 앞에 율법의 행위가 아닌 믿음으로 의롭다고 칭함을 얻었다는 것은 부인할 수 없는 사실입니다. 더욱이 아브라함 시기에는 구약의 이스라엘 백성들이 율법으로 곡해했던 계명도 주어지지 않았습니다. 그도 그럴 것이 하나님은 아브라함에게 그리스도의 복음을 전했지, 율법을 가르치지 않았습니다. 그렇다면 십일조 옹호론자들이 십일조도 엄연한 율법이고 하나님이신 예수님이 율법을 폐하러 온 것이 아니라 온전하게 하려 오셨다고 했으니 십일조는 당연히 해야 한다는 주장은 전혀 앞뒤가 맞지 않습니다.

율법도 없었고, 율법의 행위로 의롭다 칭함도 얻지 않은 아브라함이 430년 후에나 있던 십일조 제도를 타임머신을 타고 가서 배워서 행했을 리는 만무합니다. 그렇다면 율법으로서의 십일조 제도가 없던 시기에 아브라함이 하나님께 드린 십일조는 뭘 의미하는 것일까요? 문자 그대로 소득의 십분의 일이었을까요? 율법이 정의하는 십일조는 소득 활동으로 얻은 수입의 십분의 일도 아닌데 말입니다.

창세기 14:13, 18~20(Genesis 14:13, 18~20)

13. At this time Abram the Hebrew was living near the oaks that belonged to Mamre the Amorite.

이때 히브리 사람 아브람은 아모리 족의 마므레에 있는 상수리 나무

숲 근처에 살고 있었더라.

창세기에는 처음 '히브리'라는 이름이 등장합니다. 이 이름은 하나님의 택함을 입은 백성들에게만 주어지는데, 그 뜻은 '건너가다, 건너간 자'입니다. 다시 말해, 하나님을 믿기로 하나님에 의해서 예정되고 작정되었거나 하나님을 믿는 사람을 의미하는데, 이는 그리스도 예수라는 하나님의 말씀 곧 생명의 씨앗이 되는 성령에 의해서 위로부터 나아져서 하나님의 첫 열매 곧 온전한 십일조로 맺혀진 성도를 뜻합니다.

하나님이신 멜기세덱 그리스도 예수께 아브람이 십일조를 드리는 장면으로 묘사되고 있는 창세기 14장은 하나님의 진리의 말씀(떡과 포도주)에 의해서 첫 열매 곧 십일조로 맺혀진 하나님의 아들들이 하나님 앞에 산 제물이 되어 드려지는 산제사 곧 영적 예배의 삶을 살게 됨을 보여주는 그림입니다.

18. King Melchizedek of Salem was a priest of God Most High. He brought out some bread and wine
　지극히 높으신 하나님의 제사장이었던 살렘 왕 멜기세덱이 떡과 포도주를 가져와서

19. and said to Abram "I bless you in the name of God Most High Creator of heaven and earth.
　아브람에게 이르되 "천지를 창조하신 지극히 높으신 하나님의 이름으로 너를 축복하노라. (너에게 그의 복을 주노라.)

20. All praise belongs to God Most High for helping you

defeat your enemies." Then Abram gave Melchizedek a tenth of everything.

네가 적을 패하도록 도운 지극히 높으신 하나님을 찬양할지어다." 하니 아브람이 멜기세덱에게 모든 것의 십분의 일을 주더라.

멜기세덱은 곧 하나님의 본체이신 그리스도 예수입니다. 그리스도 예수는 하늘에서 내려온 떡 곧 하늘 양식이며 생명의 씨앗이 되는 하나님의 말씀입니다. 하나님은 말씀으로 성도를 섬기는데 이는 죄를 짓고 죽었던 부정한 물고기가 진리의 말씀에 의해서 첫 열매로 맺혀져서 새 생명을 얻고 부활함을 뜻합니다. 곧 성도는 진리의 말씀에 의해서 십일조가 됩니다.

멜기세덱 그리스도 예수께서 죽은 자들 가운데서 택함 받은 아브람에게 떡과 포도주라는 진리의 말씀의 생명을 불어넣어 주는 장면이 위 창세기 14:18~19입니다. 떡과 포도주는 하늘 양식이며 생명의 씨앗이신 말씀, 그리스도 예수입니다. 말씀은 사람을 '흠 없고 점 없는 십일조 제물로 성별하는 하나님의 복'입니다.

멜기세덱이 아브람을 축복했다는 것은 하나님이 아브람에게 샤머니즘적 복을 주었다는 것이 아닙니다. 그에게 어린 양의 피를 부어 할례를 행하시고 그를 흠 없고 점 없는 십일조 제물로 성별한 것이 하나님이 아브람을 축복했다는 의미입니다. 이는 성경적 어원에 근거합니다.

이 상황은 믿음의 조상이 될 아브람을 위시해서 하나님을 믿는 것으로 의롭다 칭함을 얻는 사람들이, 하나님의 진리의 말씀에 의해서 새 생명을 얻고 첫 열매 곧 하나님의 것 십일조로 부활할 것임을 암시하는 장면입니다.

자신이 하나님이라고 여기며, 하나님과 이혼하고, 생명을 잃고 죽었던 사람들이 말씀이라는 생명의 씨앗 곧 한 알의 밀알로 말미암아 새 생명을 얻고 죄와는 상관없는 영원히 죽지 않는 하나님의 아들로 부활할 것임을 계시하는 장면이 멜기세덱과 아브람을 통해서 그려지고 있는 것이 창세기 14장입니다. 창세기 14장 20절에서 아브람이 멜기세덱에게 드린 모든 것의 십분의 일은 바로 진리의 말씀에 의해서 하나님의 첫 열매로 맺혀질 아브라함 곧 믿음의 조상이 산 제물로서 하나님을 예배하는 산제사 곧 영적 예배를 드릴 것임을 보여주는 예표입니다.

히브리서 7:1~2(Hebrew 7:1~2)

1. (생략) He was the one who went out and gave Abraham his blessing, when Abraham returned from killing the kings.
그는 아브라함이 여러 왕을 물리치고 돌아올 때에 아브라함을 영접하고 그의 복(창세기 1:28, 하나님이 자신의 형상대로 사람을 지으시고 그의 복을 주었더라.)을 준 자라.

2. Then Abraham gave him a tenth of everything he had.
(생략) 아브라함이 모든 것의 십분의 일을 그에게 주었더라.

위에 쓰인 히브리서 7장 1~2절을 보면 제가 앞서 설명한 내용이 좀 더 명확해집니다. 아브라함은 창세전에 이미 하나님의 택함을 받았지만, 여전히 땅에서 왕 노릇하고 있는 나의 모습입니다. 아직은 흑암, 공허, 혼돈으로서 생명의 씨앗이 없기에 생명을 잉태할 수 없는 불임 상태의 과부 여자입니다. 그런 나에게 하나님의 일방적인 은혜가 임하게 됩니다.

하나님 나라가 척박한 땅에 임하고, 하나님의 복이 주어짐으로서 이제 더 이상 나는 흙에 속한 죽은 시체가 아닙니다. 하나님이 나에게 어린 양의 피를 붓고 할례를 행하시어 나를 흠 없고 점 없는 십일조로 성별하십니다. 이제까지 생명을 잃고 죽었던 나, 죽은 자들의 세상에서 왕 노릇하고 있던 나는 하나님의 복 곧 진리의 말씀에 의해서 잉태되어 위로부터 나아져서 새 생명을 얻고 부활했습니다. 십일조가 되었습니다.

  그러므로 이제 나는 더 이상 세상 풍조라는 마귀를 섬기지 않고, 산 제물이 되어 늘 하나님과 동행하는 산제사 곧 영적예배의 삶을 누리게 됩니다. 나는 이제 더 이상 땅에 속한 자가 아닙니다. 나는 더 이상 마귀의 종이 아닙니다. 하나님이 나를 이 지옥에서 십일조로 건져내셨습니다. 아멘!

예수님이 언급한 십일조의 의미
(율법을 행위로서 행하라고 했다고?)

역시나 십일조 논쟁에서 빠지지 않는 성경 구절이 마태복음 23:23절입니다. 십일조 옹호론자들은 원문의 진의는 이해하려고 하지 않고 오역된 한글 성경만을 근거로 제시하며 예수님조차도 십일조를 행하라고 하셨으니 당연히 해야 한다고 주장합니다. 사람들이 왜 엉터리 주장이고 성경을 전혀 알지 못하는 소리에 빠졌는지 이유를 살펴보겠습니다.

마태복음 23:3, 23(Matthew 23:3, 23)
3. So obey everything they teach you, but don't do as they do. After all, they say one thing and do something else.
그러므로 바리새인들이 너희에게 가르치는 율법은 잘 듣고(순종하고 행하라는 의미) 그 진의는 알고 깨우치되, 그들의 행위는 따라 하지 말라. 그들은 말과 행동이 다르니라.

여러 차례 설명 드렸지만, '순종하다.'는 의미의 동사 'obey, listen to'는 '귀 기울여서 듣다, 잘 듣다, 상대방이 말하고자 하는 진의를 이해하다.'라는 뜻입니다.

모세가 시내 산에서 하나님께로부터 들은 것을 돌 판에 기록한 것은 그리스도 예수에 관한 복음이었지, 율법이 아니었습니다. 하지만 이스라엘 백성들은 복음으로서 진의를 듣기보다는 자기들 보기에 옳다는 소견대로 율법으로 곡해하고 행위로서 행했습니다. 십일조도 마찬가지로 십일조를 통해서 하나님이 전하고자 하는 메시지가 있었습니다. 바로 처음 난 처음 것 곧 장자 그리스도 예수를 통한 죄 사함이었습니다. 하지만 이스라엘 백성들은 그 진의는 알지 못한 채, 정말 문자적으로 십일조를 이해하고 행했습니다. 예수님이 마태복음 23:3절에서 이스라엘 백성들의 그 행위를 책망하고 있습니다.

마태복음 23:23(Matthew 23:23)

23. You Pharisees and teachers are show-offs, and you're in for trouble! You give God a tenth of the spices from your garden, such as mint, dill, and cumin. Yet you neglect the more important matters of the Law, such as justice, mercy, and faithfulness. These are the important things you should have done, though you should not have left the others undone either.

남들에게 보이기를 좋아하는 너희 바리새인들과 성경 교사들이여, 너희는 곧 심판을 받을 것이라. 너희는 땅을 경작해서 얻은 박하나 허브와 같은 향신료의 십일조는 하나님께 드리나 율법이 담고 있는 더 중요한 진의 곧 정의와 자비와 믿음은 도외시하는구나. 율법을 눈에 보이는 대로 읽고 그대로 행하는 것이 중요한 것이 아니라, 율법이 담고 있는 진의를 알고 깨달아야 하느니라. 하지만 너희는 율법도 행위로서 제대로 행하지 못했으니 율법 아래에서 너희는 죽어 마땅한 죄인이니라.

위 마태복음 23:23절 원문을 읽어보면 예수님이 말씀하신 십일조에 대한 책망이 무엇인지 그 의미를 정확히 알 수 있습니다. 지금 예수님은 바리새인들과 성경 교사들에게 십일조를 행하라고 가르치는 것이 아닙니다.

우리가 앞서 다루었듯이 십일조를 포함하는 구약의 율법은 모두 그리스도 예수를 설명하는 그림자였습니다. 그 안에 그리스도 예수에 관한 하나님의 계시가 숨겨져 있었습니다. 하나님은 이스라엘 백성들이 율법에 담겨진 그리스도 예수에 관한 계시를 듣기를 간절히 바라셨습니다. 하지만 구약의 이스라엘 백성들은 율법이 담고 있는 진의는 알려 하지 않고 오직 행위로서 열심히 행하는 데 집중했습니다. 그들은 정말로 목숨 걸고 율법을 행했습니다. 하지만 그 어떤 사람도 온전히 율법을 행위로서 행할 수 있는 사람은 없습니다. 그래서 율법은 행위로서 행하면 죄 외에는 맺혀지는 열매가 없습니다.

위 마태복음 23:23절은 예수님께서 바리새인들의 이런 어리석음과 사악함을 책망하는 장면입니다. 율법에 대한 열정으로 십일조를 행한다고 하지만 그들이 드린 박하, 허브는 율법의 십일조 항목에도 없는 곡물이었습니다. 자신들은 하나님을 섬기는 마음으로 십일조 제물을 준비해서 하나님께 제사를 드린다고 했습니다. 그러나 이는 결코 하나님이 기뻐하지 않으시는 가인의 제물과 제사였습니다. '순종이 제사보다 낫다.'는 바로 이같이 율법의 행위에 빠져있는 바리새인들을 두고 한 말씀이었습니다.

율법을 행위로서 온전히 지킨다고 하지만 정작 그 율법도 제대로 행위로서 지키지 못할뿐더러 율법이 담고 있는 진의도 알지 못하니 그들의 결국은 처참한 심판임을 암시하는 예수님의 책망이 마태복음 23:23절입니다.

직업에 따른 십일조

하늘에 속한 자 곧 성도의 직업과 십일조

창세기 4:2(Genesis 4:2)

2. Later she had another son and named him Abel. Abel became a sheep farmer, but Cain farmed the land.

하와가 또 다른 아들을 낳으매 아벨이라고 이름 지었고, 아벨은 양치는 목자가 되었고 가인은 땅을 경작하는 농부였더라.

우리는 성경을 읽으면서 한 가지에 주목해야 합니다. 성경이 말하는 누가 누구를 낳았다는 것은 단순히 생물학적 출산을 의미하는 것이 아니라 진리의 말씀으로 위로부터 낳았음을 뜻합니다. 이는 곧 성령으로 잉태했다는 의미이기도 하며, 누군가에게 선악의 율법이 아닌 그리스도의 복음을 전파해서 그가 듣고 믿음에 이르게 했음을 뜻합니다. 이는 하나님이 진리의 말씀으로 성도를 첫 사람 곧 십일조로서 열매로 맺었음을 의미합니다.

한편, 성경은 여자를 두 부류로 나눕니다. 한 여자는 사라 같은 산 자의 어미입니다. 산 자의 어미를 뜻하는 여자는 그리스도 예수의 신부인 성도의 모형입니다. 산 자의 어미는 신랑인 그리스도 예수로부터 말씀이라는 생명의 씨앗을 받아서 성령으로 생명을 잉태하는데, 그 자녀는 하늘에 속한 자로서 성령의 열매, 곧 첫 번째 것, 하나님의 것이 되는 장자, 온전한 십일조로 맺혀 하나님께 드려집니다. 이들은 하나님의 품꾼으로서, 하나님의 일에 종사하며, 하나님께서 주시는 품삯을 일용할 양식으로 삼으며 살게 됩니다.

위에 쓰여 있는 창 4:2절에서 알 수 있듯이 아담이 하나님의 말씀으로 낳은 아벨은 성령의 열매로 맺힌 하늘에 속한 자로서 그는 죽기 전까지 하나님의 일에 종사했습니다. 아벨이 했던 하나님의 일은 바로 '양을 치는 일'이었습니다.

요한복음 21:16(John 21:16)

16. Jesus asked a second time, "Simon son of John, do you love me?" Peter answered, "Yes, Lord, you know I love you!" "Then take care of my sheep" Jesus told him.

예수께서 두 번째로 베드로에게 물으시며 이르시되 "요한의 아들 시몬아, 네가 나를 사랑하느냐?" 하시니 베드로가 대답하여 이르되 "네 주님, 제가 주님을 사랑하는 줄 주님이 아시나이다." 하니 예수께서 이르시되 "그러면 내 양을 치라." 하시더라.

하나님과 사람 사이의 사랑 관계는 사람 사이에서 서로 행하는 정신적, 육체적 사랑의 형태가 아닙니다. 피조물인 사람이 소리도 없고, 모양도 없는 하나님을 사랑할 수 없기 때문입니다. 그래서 하나님은 피조물이 어떻게 하나님을 사랑할 수 있는지를 알려주기 위해 당신이 맡긴 양을 치라고 하셨습니다. 아벨이 양을 치는 목자가 된 이유는 그가 하나님의 말씀에 의해서 위로부터 난 자로서 하늘에 속했기 때문이며, 하나님을 사랑했기 때문입니다.

무엇보다도 아벨이 하나님의 말씀 곧 하늘의 양식을 갖고 있었기 때문에 심령이 가난한 자, 곧 죄가 무엇인지 알아서 자신이 죄인임을 자백한 자, 자신에게 진짜 있어야 하는 하늘의 양식, 곧 하나님의 말씀이 없어서 굶주린 자, 가난한 자, 신랑 그리스도 예수가 누군지 모른 채 선악의 율법이라는 가짜 세상 남편에게 매여서 종노릇하고 있는 과부, 자신을 위로부터 나아주실 하나님 아버지라는 부모가 없는 고아에게 그리스도의 복음을 전파했음을 뜻합니다.

아벨이 행한 선한 일은 전적으로 하나님의 원함이고, 그 일이 바로 하나님이 기뻐하시는 하나님의 일입니다. 아벨은 자신이 아버지 아담을 통해서 받은 하늘의 양식 곧 생명의 씨앗이고 하나님의 말씀(God's Holy Spirit)이며 온전한 십일조이신 그리스도 예수가 누군지 알았고, 믿는 것으로 하나님의 말씀 곧 성령을 가진 자였습니다. 아벨은 하나님의 말씀을 마음에 새기고 늘 하나님과 동행했기에 말씀 곧 그리스도의 복음을 전파할 수 있었던 것입니다. 아벨은 때를 얻든지, 못 얻든지 그리스도의 복음을 설교(preaching)했습니다. 그래서 아벨은 하나님 앞에 의인이었고 의롭다 칭함을 얻은 것입니다.

말씀으로 하나님이 맡기신 양을 쳤으니, 당연히 아벨의 품삯, 수입은 양입니다. 이 양은 곧 하나님의 말씀에 의해서 하나님의 양자 혹은 성령의 열매로 맺어진 성도를 뜻합니다. 성도 한 명 한 명은 모두 성령이신 하나님의 말씀에 의해 맺은 성령의 열매 곧 첫 열매 장자입니다. 그러면 하나님의 일을 해서 얻은 소산 곧 처음 난 첫 것, 하나님의 것이 되는 성령의 첫 열매는 당연히 하나님께 드려야 합니다. 그래서 아벨은 자신이 치는 양의 무리 중에서 처음 난 첫 것 곧 양 무리의 대표를 의미하는 장자 즉 십일조를 하나님께 드린 것입니다. 아벨이 드린 처음 난 첫 것은 그리스도 예수 혹은 말씀에 의해 성령의 열매로 맺혀진 성도를 의미합니다. 이는 모두 하나님의 것이니 하나님께 십일조로 드려져야 합니다.

한편, 하나님이신 예수님은 성도의 모형이 되는 제자들 중에서 베드로에게 "네가 나를 사랑하면 내 양을 치라."라고 하셨습니다. 양을 치는 것은 곧 하나님을 사랑하는 것인데, 양을 친다는 것은 내가 성경이 들려주는 그리스도 예수에 관한 증언을 듣고 믿어서 하나님의 말씀 곧 성령을 마음에 새기고 그 말씀을 다른 사람에게 설교하는 것을 말합니다.

이는 비단 베드로에게뿐만 아니라, 하나님을 믿는 성도 모두에게 해당되는 하나님의 지상 명령이요, 하나님이 주신 성도의 직업입니다.

마태복음 4:19(Matthew 4:19)

19. Jesus said to them, "Come with me! I will teach you how to bring in people instead of fish."

예수께서 그들에게 이르시되 "나를 따르라. 내가 너희에게 물고기 대신 사람을 낚는 법을 가르쳐주겠느니라." 하시더라.

또한 성도는 양을 치는 양치기 목자일 뿐만 아니라, '반드시 건져져야 하는 사람 곧, 물고기(fish)를 낚는' 어부입니다. 물고기를 잡는 세상 어부는 썩어 없어질 양식, 땅의 소산을 얻기 위해서 일하지만, 하늘에 속한 자는 하나님께로부터 받은 말씀이라는 그물로 하나님이 맡기신 사람을 낚아서 그를 위로부터 나아지게 합니다.

말씀의 그물을 던져서, 사람을 낚으면 그는 성령의 열매가 됩니다. 새 생명 곧 성령의 열매, 첫 사람으로 맺혔으니, 하나님의 것으로 구별하여 하나님께 드리는 것은 당연합니다.

말씀의 그물을 던져서 낚은 사람은 곧 처음 난 첫 것 하나님의 것으로서 장자로 맺혀진 십일조입니다. 다시 말해, 하나님의 말씀에 의해서 위로부터 나아진 자, 곧 하늘에 속한 자는 모두 하나님의 것 온전한 십일조입니다.

정리하면 십일조를 하나님께 드리려면 일을 해야 합니다. 직업에 종사해야 소산을 얻을 수 있고, 그래야 하나님께 십일조를 드릴 수 있습니다. 그렇다면 과연 성도는 어떤 일에 종사해야 하고 무엇을 하나님께 십일조로 드려야 할까요? 지금부터 좀 더 구체적으로 하나씩 함께 생각해 봅시다.

요한복음 6:27~29(John 6:27~29)

27. Don't work for food that spoils. Work for food that gives eternal life. The Son of Man will give you this food, because God the Father has given him the right to do so.

너희의 판단을 흐리게 만들고, 하나님과의 언약을 무효화시키는 양식을 위해서 일하지 말고 영생을 주는 양식을 위해서 일하라. 인자가 너희에게 그 양식을 주리라 하나님 아버지께서 인자에게 그 권한을 주셨느니라.

28. "What exactly does God want us to do?" the people asked.

사람들이 묻되 "우리가 어떤 일을 해야 하나님이 기뻐할까요?"

29. Jesus answered "God wants you to have faith in the one he sent."

예수께서 대답하여 이르시되 "하나님께서 보내신 이를 너희가 믿길 원하시노라."

위 요한복음 6:27~29절 성경을 통해서 우리는 하나님이 말씀하시는 하나님의 일이 무엇인지를 정확히 알 수 있습니다. 하나님의 일은 동일한 하나님으로부터 오는 동일한 성령을 받은 성도라면 누구나 평생 종사해야 하는 직업임을 깨닫게 됩니다. 이는 하나님의 백성을 향한 하나님의 지상 명령이기도 합니다.

한마디로 하나님의 일은 영생을 주는 양식을 품삯으로 받는 일입니다. 그런데 영생을 주는 양식은 하나님께서 보내신 이 곧 그리스도 예수로부터만 얻을 수 있다고 하십니다. 그 영생을 주는 양식을 품삯으로 얻기 위해서는 양식을 갖고 있는 하나님이 보내신 이, 곧 그리스도 예수를 믿어야 한다고 하십니다.

하나님의 일이란 영생을 주는 양식을 위한 일인데, 영생을 주는 양식을 얻기 위해서는 그리스도 예수를 믿어야 한다고 합니다. 그리스도 예수를 믿기 위해서는 뭘 어떻게 해야 할까요?

어떤 존재를 믿으려고 한다면 그 존재가 누군지를 알아야 합니다. 믿으려는 대상이 누군지도 모른다면 믿을 수 없고, 믿어지지도 않을 것입니다. 그러므로 영생을 주는 양식을 그리스도 예수로부터 품삯으로 얻으려면 그가 누군지를 알아야 합니다.

사람이 그리스도 예수가 누군지를 알 수 있는 유일한 방법은 체험이나 경험 혹은 과학적 고찰, 이성적 사고 등이 아니라 오직 성경뿐입니다. 왜냐하면 성경은 그리스도 예수에 관해서 증언하는 책이기 때문입니다. 단지 사람의 생각으로 성경을 읽으면 교훈이나 윤리, 도덕 혹은 세상사는 지혜를 가르쳐주는 책 정도로밖에 읽히지 않아서 도무지 그리스도 예수가 누군지를 알 수 없습니다. 그래서 성령을 구해야 하고 성령을 구하면 하나님이 성령을 보내주셨습니다.

누구든지 그리스도를 믿으려는 사람은 성령을 구하고 찾고 두드리면 됩니다. 그러면 하나님이 성령을 보내주시고, 그 성령이 성경이 증언하는 그리스도 예수에 관한 얘기를 들려주고 비로소 그리스도 예수가 누군지를 알아서 믿게 됩니다. 이 일련의 과정이 하나님 나라 백성들이 종사하는 하나님의 일입니다.

성도는 하나님의 일을 해서 영생을 주는 양식을 수입 혹은 품삯으로 얻게 됩니다. 이때 받은 양식이 곧 하나님의 입으로부터 나오는 말씀 혹은 하늘의 양식, 그리스도 예수입니다.

내가 하나님의 일을 해서 영생을 주는 양식, 곧 하나님의 말씀을 품삯으로 받았으니 은혜에 감사하며 스스로 하나님께 십일조를 드리는 겁니다. 그 십일조가 바로 영생을 주는 양식 곧 그리스도 예수입니다. 그래서 십일조는 그리스도 예수 혹은 하늘의 양식이 되는 하나님의 말씀입니다.

반면에 가인처럼 땅을 경작해서 땅으로부터 소산을 얻는 땅에 속한 자들, 썩어져 없어질 양식을 위해서 일하는 자들은 결코 하나님의 일을 할 수 없고, 하나님이 기뻐 받으시는 십일조를 드릴 수 없습니다.

땅에 속한 자 곧 가인의 직업과 십일조

앞서 창 4:2절에서 살펴보았듯이, 가인은 땅에 속한 자 곧 창세전에 이미 어린양의 생명책에 이름이 기록되지 않은 자의 모형입니다. 가인은 하나님을 믿지 않는 자들 가운데서 역사하는 영 곧 선악의 율법이라는 세상 풍조에 매여서 땅을 경작하며 썩을 양식을 위해서 일하는 농부입니다. 그런 가인은 자신의 땀과 노력으로 땅을 경작하고 세상 왕으로부터 땅의 소산을 그 품삯으로 받습니다. 이 품삯은 '말'을 의미하기도 하는 땅에 속한 자들의 양식입니다. 이 양식은 영생을 주지 못하고 사람을 영원한 목마름과 배고픔에 빠지게 하는 세상 풍조 곧 선악의 율법입니다.

가인 곧 세상 풍조에 매여 있는 마귀는 세상일만을 생각합니다. 그렇다면 하나님의 일이 아닌, 세상일이 무엇인지 살펴보도록 하겠습니다.

마가복음 8:31~33(Mark 8:31~33)

31. Jesus began telling his disciples what would happen to him. He said, "The nation's leaders, the chief priests, and the teachers of the Law of Moses will make the Son of Man suffer terribly. He will be rejected and killed, but three days later he will rise to life."

예수께서 제자들에게 앞으로 일어날 일에 관해서 이르시되 "종교 지도자들과 대제사장들 그리고 율법 교사들이 인자를 핍박할 것이요, 버림받고 죽임당하나 사흘 후에 그가 부활할 것이니라."

32. Then Jesus explained clearly what he meant. Peter took Jesus aside and told him to stop talking like that.

예수께서 그 의미를 설명하시니 베드로가 예수를 붙들고 그런 말씀을 왜 하냐고 따지니.

33. But when Jesus turned and saw the disciples, he corrected Peter. He said to him "Satan, get away from me! You are thinking like everyone else and not like God."

예수께서 제자들에게 고개를 돌려 바라보며 베드로를 꾸짖으며 이르시되 "사탄아 내게서 물러가라. 네가 하나님의 원함 곧 하나님의 생각이 아닌 사람의 생각으로 이렇게 말하는구나." 하시더라.

위 성경은 하나님이신 예수님께서 하나님의 일이 무엇인지를 제자들과 베드로에게 가르쳐주는 장면입니다. 당시 베드로를 포함해서 제자들과 이스라엘 백성들은 예수님을 왕으로 여겼습니다. 그들은 예수님이 로마 식민 통치로부터 자신들을 구원하고 자신들이 바라는 나라를 세워줄 것이라고 확신하며, 예수를 통해서 출세와 부귀영화를 꿈꾸고 있었습니다.

한마디로 제자들이나 이스라엘 백성들이나 그들이 예수님을 따른 것은 영생을 주는 양식을 얻기 위함이 아니었고, 땅에서의 상급을 얻기 위함이었습니다.

하나님의 일은 그리스도 예수와 더불어 한 영혼이 선악의 율법이라는 세상 풍조의 돌에 맞아서 십자가 문설주에 매달려 죽고, 성령으로 인하여 죽은 자들 가운데서 사흘 만에 하늘로부터 새 생명으로 태어나 십일조로 맺혀지도록 양을 치는 일입니다.

하지만 예수님이 십자가에 못 박히기 전만 하더라도 제자들조차 땅에 양식을 구하며 얻기 위해서 예수님을 세상 왕 곧 마귀로 섬겼습니다. 그들은 능력을 행하고 이적과 기적, 표적을 행하는 예수를 보며, 예수께서 자신들에게 그들이 원하는 상급을 줄 것이라고 믿었습니다.

마치 내가 열심히 선악의 율법을 행위로서 행하면, 윤리나 도덕, 교훈을 내 삶에 잘 적용시키면, 성경을 눈에 보이는 대로 세상사는 지혜로 읽고 그대로 행하며 내 삶의 가치를 추구하면 하나님이 내가 이 땅에서 원하는 것을 반드시 주실 것이라고 믿는 것과 마찬가지로 베드로나 다른 제자들 그리고 이스라엘 백성들은 하나님을 믿는다고 하지만 실상은 썩을 양식을 구하고 있었습니다.

요한복음 6:26~27(John 6:26~27)

26. Jesus answered "I tell you for certain that you are not looking for me because you saw the miracles, but because you ate all the food you wanted."

예수께서 대답하여 이르시되 "내가 진실로진실로 말하노니 너희가 표적을 보고 내가 하나님임을 믿어서 나를 찾는 것이 아니요 네가 원하는 양식 곧 썩어져 없어질 땅의 모든 양식을 먹음으로 나를 찾느니라."

27. Don't work for food that spoils.

너희는 너희 마음을 흐트러트리고 하나님과의 약속을 파기하도록 미혹하는 양식을 위해서 일하지 말라.

정리하면 하나님의 일은 영생을 주는 양식 곧 말씀이고 하늘의 양식이며 생명이신 그리스도 예수를 얻기 위한 일입니다. 그 일은 성경이 들려주는 그리스도 예수에 관한 증언을 듣고 믿는 것입니다. 그러면 하늘의 양식 곧 영생을 주는 양식(말씀)을 품삯으로 받습니다. 그리고 성도는 그 말씀을 십일조로 하나님께 드립니다. 그런데 말씀은 곧 그리스도 예수를 의미합니다.

반면, 세상일은 영생이 아닌 영원한 죽음에 이르게 하는 양식을 얻기 위해 하는 일입니다. 그 일은 선악이라는 율법의 세상 풍조를 따르며, 땅을 경작해서 땅의 소산을 얻는 일입니다.

즉 내가 세상 왕이 되어, 세상 풍조를 따르며, 땅에서의 상급을 구하는 것이 세상일입니다. 그 일은 하늘에 속한 자라면 결코 할 수 없습니다. 땅에 속한 자, 하나님을 믿지 않는 자들 가운데서 역사하는 선악의 율법이라는 세상 풍조에 종노릇하는 가인과 같은 사람만이 그 일을 합니다. 그는 땅의 소산을 얻고, 더 많이 얻기 위해서 세상 왕인 마귀, 바알에게 땅의 소산의 일부를 바치며 절합니다. 땅의 소산의 일부를 십일조로 바치는 자들은 하나님을 믿지 않는 땅에 속한 자들 곧 마귀의 자식입니다.

온전한 십일조 그리스도 예수

십일조를 믿음이라고 드리는 사람들에 대한 하나님의 책망

아래 신명기를 통해서 여러분이 하나님의 것, 하나님께서 주시는 것이니 감사함으로 구별해서 십일조로 드려야 한다는 땅의 소산을 하나님이 뭐라고 말하시는지 귀 기울여서 듣기 바랍니다.

신명기 23:17(Deuteronomy 23:17)

17. People of Israel, don't any of you ever be temple prostitutes. The LORD your God is disgusted with men and women who are prostitutes of any kind, and he will not accept a gift from them, even if it had been promised to him.

이스라엘 백성들아, 너희 중 누구도 성전에서 일하는 창기가 되지 말라. 너희 하나님 여호와께서는 남창이든 여자 창기든 가증하게 여기시니 그들이 서원을 했다 하더라도 그들의 소득이나 제물은 받지 않으시리라.

이 구절을 원어로 자세하게 들여다보면 참으로 놀랍고 충격적입니다. 하나님은 시나이 산에서 모세에게 율법을 가르치거나 전한 적이 없습니다. 모세가 하나님께 전해들은 것은 그리스도 예수에 관한 복음 'life-giving spirit, words'이었을 뿐, 선악의 율법이 아니었습니다. 하지만 자신들은 무엇이 선이고 무엇이 악인지 구분할 줄 안다고 여기며 자신이 보기에 옳은 대로, 멋대로, 소견대로 여전히 선과 악을 나누고, 정의해서, 열심히 행하고 있던 이스라엘 백성들은 복음마저 자기들 멋대로 선악의 율법으로 잘못 알아듣습니다.

그들은 하나님의 은혜로 출애굽 했지만 여전히 머리가 곧은 자로서 육체의 정욕을 따라서 땅의 것을 구하고 있었습니다. 하나님은 그런 그들을 창녀라고 불렀습니다. 선악의 율법 곧 세상 풍조라는 세상 왕을 섬기며 자신의 몸을 팔아서 그 품삯으로 땅의 소산을 얻는 창녀가 이스라엘이었습니다. 이는 사람의 원죄적 모습이기도 하고, 나의 옛 사람이기도 합니다. 하지만 이스라엘 백성들은 하나님의 책망에도 아랑곳하지 않고 땅을 경작해서 소산을 얻습니다. 결국 하나님께서 주신 것이라며 감사의 마음을 표해야 한다고 소산의 일부를 구별해서 하나님께 드립니다. 심지어 다음에는 얼마를 드리겠다고 서원까지 합니다. 이에 하나님이 이스라엘 백성들에게 말씀하십니다.

"나는 너희가 몸을 팔아서 얻은 소산 곧 품삯이나 수입이 필요치 않으니 가져오지 말라. 너희가 나에게 너희가 번 수입을 가져오는 것은 나를 믿는 믿음 때문이 아니다. 너희는 그 돈으로 나를 살려는 것이다. 너희가 나를 창녀로 여겨 돈으로 나를 사서 너희가 필요할 때에 써먹으려는 것인 줄 내가 안다. 그러니 어떤 명목이든 서원을 했다고 할지라도 나에게 돈은 가져오지 말라."

정말 무섭고 놀라운 하나님의 책망이 아닌가요? 가인이 그랬습니다. 가인은 세상 왕을 상대로 몸을 팔아서 많은 소산을 얻었고 그것으로 하나님을 예배하겠다고 했습니다. 하나님이 반드시 자신의 소산 곧 십일조를 기뻐 받으실 것이라고 확신했습니다. 가인이 만일 정말 하나님이 누군지 알고 믿었다면 결코 이런 짓을 할 수 없고 하나님을 창녀 취급하지 않았을 것입니다.

아버지에 의한 첫 창조, 아들에 의한 새 창조
바다의 물고기와 공중의 새, 땅의 모든 짐승
(십일조로 세상을 창조하다)

창세기 1:28(Genesis 1:28)

God gave them his blessing and said Have a lot of children! Fill the earth with people and bring it under your control. Rule over the fish in the ocean, the birds in the sky, and every animal on the earth.

하나님께서 그들에게 복을 주시고, 많은 열매를 맺으라, 그 열매로 땅을 충만하게 하고 그들을 다스리라! 하시고 또 바다의 물고기와 하늘의 새들과 땅의 모든 짐승들을 다스리라 하시니라.

창세기에는 창조와 구원 그리고 복음의 비밀이 숨겨져 있습니다. 그러므로 창세기부터 펼쳐지는 구원과 복음의 의미를 정확히 깨닫지 못하면 성경은 소설, 전설, 전해져 내려오는 이야기, 우화, 윤리(도덕) 책 정도로밖에 읽히지 않습니다.

함께 살펴볼 위 창세기 1:28절에 구원과 복음의 핵심이 담겨 있습니다. 하나님께서는 하늘들, 곧 그리스도 예수 안에서 택함 받은 자들을, 당신의 아들들이 되게 하셨습니다. 하나님께서는 무한한 영의 세계, 즉 영원한 하나님의 나라에 교회(성도)를 창조한 것입니다. 그리고 하나님께서 그들에게 하나님의 선물, 생명, 진리의 말씀, 그리스도 예수의 사랑과 은혜를 부어 주셨습니다. 더불어 그리스도 예수 안에서 아들들이 된 사람 즉 교회가 되는 성도들에게 명령하십니다. 그것은 하나님의 선물(blessing)을 받은 당신의 아들들이 많은 자비의 열매와 약속의 후손을 낳아 하늘의 충만이 땅에 드러나기를 원하시는 하나님의 선이기도 합니다. 하나님의 공의인 것입니다.

이제 우리가 알듯 earth는 heavens와 반대되는 개념으로 첫 창조를 통해 만들어진 지상, 세상(지옥)을 뜻합니다. 한편, 첫 창조를 통해 아버지에 의해 만들어진 하늘의 아들들인 교회(성도)는 창조가 되는 순간부터 아버지의 부르심을 사명으로 받았습니다. 그 사명은 아버지께로부터 받은 하늘의 선물(blessing) 그리스도 예수를 earth에 씨앗 삼아 뿌려서 하나님의 많은 자비의 열매를 낳으라는 사명입니다.

그리스도 예수 안에서 하나님의 아들이자, 하늘들이 된 교회(성도)는 영원한 하나님의 나라에 만들어졌습니다. 그들은 영적인 존재로 만들어졌기에 heavens와 반대되는 땅, 더럽혀지고, 훼손되고, 타락한 earth(land)에 영으로 내려갈 수 없습니다. 그러므로 하나님께서는 그들을 earth 곧 땅의 것을 취하여 육의 옷을 입혀 나그네로 내려 보낸 것입니다. 그들은 흙(soil)으로 만든 육의 옷을 입고 그리스도 예수 안에서 많은 자비의 열매, 약속의 후손을 낳기 위해 땅으로 보내졌습니다.

창조를 통하여 하나님의 아들, 성도로 부름 받은 교회는 하나님으로부터 선물(blessing) 받은 진리의 말씀으로 많은 자비의 열매를 맺어, 더럽혀진 땅에 하늘의 충만함이 드러나도록 해야 합니다. Ocean은 물론 '바다'를 뜻하지만 이는 타락한 땅을 뜻하기도 합니다. 'fish'의 어원에는 '반드시 낚아야 하는 사람.'이라는 의미가 있습니다. 'bird'의 어원에는 '젊은 여자.'라는 뜻도 있습니다. 하나님께서 "바다의 물고기와 하늘의 새와 땅의 모든 짐승을 다스리라." 하신 말씀은 인간이 피조물 중에 으뜸이니 세상의 모든 것(짐승들)을 다스리라는 단순한 명령이 아닙니다.

앞서 언급했듯이 성도(교회)는 하나님의 선물(그리스도 예수, 온전한 십일조)을 가지고 있는 자들입니다. 우리는 타락한 땅에서 아가미 없이 제대로 호흡하지 못하고 물속의 물고기처럼 헤매고 있습니다. 그러므로 반드시 낚아야 하는 사람에게 하나님의 선물(blessing)을 전달해 그를 하나님 나라의 백성이 되게 해야 하고, 결혼할 나이가 되었지만 남편 되는 신랑을 만나지 못해 공허의 바다를 헤매고 있는 사람(새들, 여자)에게 하나님의 선물(blessing: 진리, 복음, 그리스도 예수)을 전함으로 그들을 하나님 나라의 백성이 되게 해야 합니다. 살아 움직이지만 하늘의 생명이 없는 피조 세계에 하늘의 충만이 드러나도록 하나님의 선물(blessing)을 전하여 earth를 하늘의 충만함으로 채우는 것이 성도의 역사 속 사명이고 인생입니다.

창세전 언약으로 그리스도 예수 안에서 하나님의 아들이 되게 하시고 heavens(하늘들: 아들들, 교회, 성도)로 하나님 나라에 세우시고, 창조의 완료와 함께 하나님과 함께 영원한 무한의 하나님 나라에서 그분의 섬김을 받으며 안식을 누리게 하신 하나님의 은혜가 바로 blessing(하나님의 선물)입니다. 이는 전적으로 아들 되시는 그리스도 예수의 은혜 곧 어린 양의 피(에베소서 1장)에 의한 구속을 의미합니다.

우리 성도는 첫 창조를 통해 이렇게 무한한 하나님 나라에 heavens로 완성되어 하나님과 함께 안식을 누리고 있습니다. 그리고 하늘에서 이루어진 그 뜻을 땅에서 이루게 하시려고 하나님은 그 아들들에게 육의 옷을 입혀 잠시 땅으로 내려 보내십니다.

첫 창조에 이은 새 창조. 그것은 그리스도 예수의 사랑과 은혜 곧 하나님의 선물(blessing)을 전함으로 땅에서 수많은 자비의 열매를 맺는 과정과 그리스도 예수에 의해 땅에서 그 뜻이 이루어짐으로 새 창조는 완성되는 것입니다. 새 창조의 시작. 그것은 육의 옷을 입고 땅에 처음 사람으로 만들어져서 보내진 '아담'으로부터 시작됩니다.

십일조의 본질과 필요한 이유

 십일조는 여러분이 이제까지 알고 있었던 것처럼 생업 활동으로 얻은 수입의 일정 부분을 하나님의 것으로 구별한 것이 아닙니다. 십일조는 하나님의 창세전 창조의 작정과 예정 그리고 구원의 섭리와 직접적인 연관이 있으며, 하나님이 피조물 사람을 대상으로 이루시려는 창조의 완성을 위한 필수 조건이기도 합니다. 이를 확인하기 위해서 몇 가지 여러분과 함께 살펴보도록 하겠습니다.

 하나님은 창세기 1:28에서 당신의 형상대로 사람을 창조하시고 그들에게 그의 복(His Blessing)을 주셨습니다. 하나님이 사람을 창조하시고 주신 복(Blessing)은 우리가 흔히 알고 있는 샤머니즘적 개념의 복이 아닙니다. 성경을 살펴보면 어디에도 하나님이 사람에게 땅에서 잘 먹고 잘 살 수 있도록 샤머니즘적인 복을 주셨다는 말은 없을뿐더러 하나님이 당신을 믿는 사람들에게 땅에서 잘 먹고 잘 살게 해준다는 말도 없습니다. 여러분은 진의는 살피지 않고 눈에 보이는 대로, 읽고 싶고, 듣고 싶은 대로 성경을 변개해서는 안 됩니다.

 돌아와서 창세기 1:28에서 하나님이 사람에게 주신 그의 복은 땅에 속한 자들이 바라는 땅의 복이 아니라 하늘에 속한 자, 위로부터 난 자들에게만 주시는 하늘의 복입니다.

 'His Blessing'은 '어린 양의 피로 인을 쳐서 흠 없고 점 없는 제물로 성별된 하나님의 것, 하나님이 당신을 위해서 예배의 제물로 직접 준비한 온전한 십일조'를 뜻합니다.

 그러므로 하나님이 사람을 창조한 후에 복을 주셨다는 의미는, 사람을 창조할 때부터 하나님의 것으로 거룩하고 성결하게 구별하셔서 온전한 십일조 제물로 준비하셨음을 뜻합니다.

에베소서 1:4절 이하에서도 알 수 있듯이 이미 창세전에 하나님은 결심과 계획으로 당신의 백성을 구별하시고 어린 양의 피로 성별하시어 죄와 상관없이 값없는 영생을 주시겠다는 그의 섭리와도 일치합니다. 하지만 구원의 성취와 완성은 죄와 죽음의 과정을 거쳐서 비로소 마침표를 찍을 수 있습니다. 아담과 하와는 하나님처럼 될 수 있다는 자기 육체의 정욕에 걸려 넘어져서 하나님의 말씀을 자신들이 듣고 싶은 대로 들었습니다. 멋대로 들어서 제대로 깨닫지 못한 것입니다.

선악을 알게 하는 권능은 우주 만물을 창조한 하나님께만 속한 하나님의 능력이고 선이지만, 사람은 자신도 하나님처럼 선악의 차이를 알고 싶다는 욕망을 잉태합니다. 피조물이 하나님처럼 되고 싶다는 욕망을 갖는 것 자체가 죄이고 자신과 사랑에 빠지는 동성애인데, 죄로 말미암아 흠 없고 점 없는 십일조로 성별되었던 사람은 하나님과 더 이상 함께할 수 없게 되었습니다. 피조물에 불과했던 사람이 하나님과 함께한다는 것은 하나님을 예배한다는 의미가 되는데, 죄로 말미암아 흠이 생긴 사람은 더 이상 하나님이 기뻐 받으시는 온전한 십일조가 되어 산 제물로 드려질 수 없게 되니 하나님을 예배하며 동행할 수 없습니다. 그래서 아담과 하와는 에덴에서 쫓겨난 것입니다.

하나님 나라를 의미하는 에덴은 서쪽에 있고, 죄를 범해서 하나님으로부터 공급되는 생명을 잃은 아담과 하와는 죽은 자들의 거주지가 되는 동쪽으로(무덤, 지옥, 유배지) 쫓겨났습니다.

하나님이 아담과 하와를 동쪽으로 쫓아낸 이유는 피조물인 사람은 절대 하나님처럼 선악의 차이를 아는 권능을 가질 수 없음을 알게 하려는 의도입니다. 사람은 선악의 율법적 행위를 통해서 스스로는 절대 깨끗해질 수 없고 선을 이룰 수 없음을 깨닫게 하려는 의도였습니다. 하나님의 의도는 선악의 율법적 행위로는 결코 사람이 깨끗함을 입고 선을 이룰 수 없으며 흠 없고, 점 없이 성별될 수 없음을 깨닫게 하려고 아담과 하와를 쫓아냈습니다. 그 후에 동쪽에서부터 다시 서쪽으로 인도해서 영생을 누리게 하려는 것입니다. 여기에서 말하는 영생은 유일하신 참 하나님과 그가 보내신 그리스도 예수를 아는 것인데, 유배지이며 죽은 자들의 거주지, 무덤과 같은 에덴 동쪽으로 쫓겨났다가 아버지의 집인 서쪽으로 돌아오면 그것이 곧 영생이고 부활입니다. 그 과정에서 사람은 성령의 역사를 통해 죄가 무엇인지를 깨닫고, 그리스도 예수를 믿게 됩니다.

피조물인 사람은 죄를 지으면 반드시 삯을 지불해야 하는데, 그 삯은 바로 영원한 죽음입니다. 하지만 하나님이 사람을 창조할 때, 당신의 것으로 성별하셨기에, 단 한 사람도 잃을 수 없다는 것이 하나님의 마음이었습니다. 그래서 죄의 삯으로 말미암아 죽어야 하는 아담과 하와를 대표해서(십일조) 그들의 죄를 대신할 제물을 하나님이 직접 준비하십니다. 하나님이 직접 준비한 흠 없고 점 없는 제물, 곧 하나님께 속한 온전한 십일조로서의 처음 난 첫 것은 바로 어린 양 그리스도 예수였습니다.

하나님은 이미 창세전에 어린 양의 피로 당신의 백성을 구원하기로 작정하셨고(에베소서 1장), 창세기 1:28에서 사람을 창조할 때에 어린 양의 피로 그들에게 세례를 주고 성별하셨습니다. 그러므로 죄를 범한 사람이 원래 자리로 돌아가기 위해서는 어린 양 곧 온전한 십일조가 있어야 합니다.

스스로 무엇이 선이고 무엇이 악인지 구분할 줄 안다고 여기며 보기에 옳은 대로, 멋대로, 제 소견대로 선과 악을 나누고, 정의해서, 단순한 행위로서 열심히 행한다고 하나님은 기뻐하지 않으십니다. 또 어떤 행위로 인해 인과응보로서 죄를 용서 받는 것도 아닙니다. 선악을 분별하는 행위가 사람을 깨끗하고, 거룩하고, 경건하게 만들거나 변화시키는 것도 아닙니다. 사람의 노력이나 행위로는 죄의 삯을 지불할 수 없습니다. 그러므로 사람이 죄로부터 해방 될 수 있는 유일한 방법은 그리스도 예수를 통해 영 단번의 십일조 제물이 되어 하나님께 제물로 드려지는 것입니다.

말씀(온전한 십일조)에 의해서 십일조 제물로 지어져 준비된 사람

창세기 1:26~28(Genesis 1:26~28)

26. God said, "Now we will make humans, and they will be like us. We will let them rule the fish, the birds, and all other living creatures."

하나님이 이르시되 "우리가 사람을 만들 것이라 그들은 우리의 형상 곧 우리의 모양대로 될 것이라. 그들로 하늘의 새와 바다의 물고기와 모든 생물을 다스리게 하자." 하시고

27. So God created humans to be like himself he made men and women.

하나님이 하나님의 형상대로 사람을 창조하시되 사람들과 그들의 아내들을 창조하시고

28. God gave them his blessing and said "Have a lot of children! Fill the earth with people and bring it under your control. Rule over the fish in the ocean, the birds in the sky, and every animal on the earth."

하나님이 그들에게 그의 복을 주시며 그들에게 이르시되 "많은 말씀의 열매를 아들로 낳고 번성하라. 이들로 땅을 가득 채우고 땅을 정복하라. 바다의 물고기와 하늘의 새와 땅에 모든 생물을 다스리라." 하시니라.

하나님께서 지은 Humans는 곧 사람을 의미합니다. 그런데 '사람'이란 단어는 히브리어로 곧 Adam입니다. 그러므로 하나님이 지은 Adam은 곧 사람입니다. '사람'이라는 단어는 '하나님과 대조되는 존재'를 뜻하고 'ground: 흙'을 의미하기도 합니다. 그러므로 하나님이 지은 '사람'은 하나님 곧 하나님 나라와 대조되는 땅, 흙을 의미하기도 합니다. 한편, 이 '사람: ground'(땅, 흙)은 무저갱, 지옥을 뜻하기도 합니다. 하나님이 지은 사람은 하나님과 대조되는 땅을 의미하고 하나님의 영이 없는 땅(사람)은 그 자체가 지옥을 뜻합니다.

창 1:27절을 살펴보도록 하겠습니다. 하나님께서 당신의 형상대로 사람들과 그의 아내를 만들었습니다. 이것의 의미는 무엇일까요? 한 줌의 흙, 먼지에 불과한 존재, 흑암, 공허, 혼돈, 죄와 사망 같은 지옥이 하나님의 형상대로 만들어지려면 과연 어떻게 해야 할까요?

하나님, 곧 말씀(요 1장)과 한 몸을 이뤄야 합니다. 하나님과 동침(연합)을 해야 합니다. 말씀인 하나님께서 직접 흙 안으로 침노해 들어가야 합니다. 그러면 비로소 남편, 신랑이신 그리스도 예수와 그의 신부가 되는 흙(사람)이 말씀 안에서 한 몸을 이뤄, 하나님의 형상을 따라 '사람'이 완성됩니다. 이것이 그리스도의 모형인 아담과 아내의 모형인 하와가 한 몸을 이루고 그리스도 예수 곧 하나님의 형상을 따라 '사람'이 된 이유입니다. (창 2:24)

한편, 사람의 육체는 흙에서 왔습니다. 흙은 그 자체가 흑암, 공허, 혼돈을 뜻하고 지옥을 의미합니다. 그러므로 말씀과 같은 하나님이 없는 사람은, 그저 사람이 아니라 흙이고, 흑암이고, 무저갱, 지옥입니다. 말씀이 없이 선악의 율법에 매여 있는 사람은, 생명 없이 죽은 상태로 지옥을 사는 것입니다.

하지만 하나님은 창세전 작정과 예정대로 당신의 양자를 만들었습니다. 또 그 양자를 창세전 당신의 작정에 따라서 흠 없는 산 제물로 성별하셨습니다. 창 1:28절에서 하나님은 사람을 만들고 당신의 복(his blessing)을 주셨습니다.

하나님이 사람에게 주신 복(Blessing)은 **'그리스도 예수의 보혈의 피로 인치고 세례를 주시어 흠 없고 점 없이 성별한 것'**입니다. 이것은 성경적 어원에서 비롯된 풀이입니다. 그러므로 하나님이 아닌 선악의 율법적, 윤리적 노력이나 행위로는 사람을 거룩하거나 경건하게 하지 못합니다. 이미 하나님께서 당신의 양자들을 그리스도 예수의 보혈로 흠 없고 점 없이 인치시고, 성별하였기 때문입니다. 하나님의 양자는 말씀을 갖고 살아갑니다. 말씀은 곧 생명의 씨앗입니다. 그러므로 그들은 말씀의 씨앗으로 또 다른 아들을 낳을 수 있습니다. 하나님께서 양자 삼은 사람들은 성령과 말씀에 의해 위로부터 태어난 하나님의 아들입니다.

Child 혹은 Children은 자궁의 열매라는 뜻인데 '자궁'은 '하나님'과 어원이 동일합니다. 그러므로 말씀으로 낳는 아들들은 '하나님의 아들이요, 하나님 곧 성령의 열매.'이며 이들은 하나님께 속하는 처음 것 곧 장자로서 십일조입니다. 말씀으로 아들을 낳으면 흙, 무저갱, 지옥이었던 존재는 하나님 나라가 됩니다. 그러니 땅에 성령의 열매가 가득하게 되고 말씀으로 땅을 정복하게 됩니다.

아담의 계보를 따라서 많은 사람들이 태어났고, 태어나고 있고, 앞으로도 태어날 것입니다. 하지만 여전히 육신에 매어 있기는 마찬가지입니다. 그러나 그들의 구원과 영생은 이미 창세전에 예정되어 있고 작정되어 있습니다. 그렇게 복음으로 낚아채야 하는 사람을 오늘 성경은 '바다의 물고기'라고 부릅니다. 하나님은 사람을 만들고 그들에게 지상 명령을 주셨습니다. 지상 명령은 믿음의 행함이요, 하나님 사랑, 이웃 사랑의 실천입니다.

그런데 지상 명령은 하나님의 아들들만이 수행할 수 있습니다. 그들에게는 생명의 말씀이 있기 때문입니다. 그래서 하나님은 그들에게 "바다의 물고기와 하늘의 새를 다스리라"고 하신 것입니다.

　예수님의 제자 대부분은 물고기를 잡는 어부였습니다. 그런데 예수님은 그들을 부르면서 "이제 이후로 내가 너희를 사람을 낚는 어부가 되게 하리라."라고 말씀하셨습니다.

　이미 구원과 영생은 하나님의 창조 섭리에 따라, 모든 게 계획되고 성취되었습니다. 그러므로 사람의 율법적, 윤리적, 도덕적 행위는 결코 구원에 기여하지 못합니다.

하나님이 구별하신 복, 바로 당신입니다!
하나님의 것 곧 처음 난 처음 것 십일조는 바로 나!

창세기 1:27~28(Genesis 1:27~28)

27. So God created humans to be like himself he made men and women.

하나님께서 당신의 형상대로 사람을 창조하시되 남자와 여자를 창조하시고

28. God gave them his blessing and said Have a lot of children! Fill the earth with people and bring it under your control. Rule over the fish in the ocean, the birds in the sky, and every animal on the earth.

하나님께서 그들에게 그의 복을 주시고 이르시되 많은 말씀의 열매를 맺으라. 땅(사람)을 하나님의 사람으로 충만하게 하고 하나님의 나라를 확장하라. 바다의 물고기와 하늘의 새 곧 하나님의 말씀으로 반드시 건져져야 하는 사람들을 구원하고 하나님의 나라로 세워 통치하라.

하나님이 당신의 형상을 따라서 사람을 창조하시되 남자와 여자를 창조하셨습니다. 그런데 그 사람들은 단순히 동물처럼 흙으로 지어진 피조물이 아니었습니다. 하나님이 창조하신 사람은 하나님의 영(Spirit)이 부어져 하나님과 연합된 피조물이었습니다. 그들은 하나님의 말씀으로 인하여 하나님의 형상이 되었고 성령이 충만한 그리스도로 지어졌습니다. 그들은 바로 하나님 나라로서의 하늘들(heavens)이었습니다. 하나님은 그들에게 그의 복,

his blessing을 주셨습니다. 이는 하나님의 백성들이 성령으로 잉태되어 위로부터 태어난 첫 열매 곧 십일조로 맺혀졌음을 의미합니다.

요한복음 3:3~6(John 3:3~6)

3. Jesus replied, "I tell you for certain that you must be born from above before you can see God's kingdom!"
예수께서 대답하여 이르시되 "내가 진실로진실로 네게 이르노니 네가 하나님의 나라를 보려면 위로부터 태어나야 하느니라."

4. Nicodemus asked, "How can a grown man ever be born a second time?"
니고데모가 이르되 "어떻게 다 자란 어른이 또다시 태어날 수 있습니까?"

5. Jesus answered "I tell you for certain that before you can get into God's kingdom, you must be born not only by water, but by the Spirit."
예수께서 대답하시되 "내가 진실로진실로 네가 이르노니 네가 물과 성령(하나님의 말씀, 복음, 그리스도 예수)으로 나지 않으면 하나님의 나라에 들어갈 수 없느니라."

6. Humans give life to their children. Yet only God's Spirit can change you into a child of God.
육신의 인간은 육신의 자녀를 낳지만(너는 육신을 따라 태어난 육신의 열매이지만) 하나님의 영 곧 성령은 육신으로 태어난 너를 하나님의 자녀가 되게 하니라.

  이 말씀은 하나님이 사람을 만드시고 그리스도 예수의 보혈로 인 치셨다는 의미입니다. 또한 성령 세례를 내려 말씀의 복을 얹으셨다는 뜻이기도 합니다. 창 1:28을 원어로 살펴보면 하나님이 사람을 만드시고 그들에게 주신 그의 복, his blessing은 창세전 작정과 예정을 따라서 지은 당신의 아들들을 흠 없고 점 없는 온전한 제물로 성별하셨음을 뜻합니다.
  Bless or Blessing은 '하나님의 선물, 피로 성별하다, 피를 뿌려 온전한 제물로 성별하다, 예배하다, 무릎을 꿇다, 찬양하다.'를 의미합니다. 한마디로 '하나님께서 피로 흠 없고 점 없는 온전한 제물로 성별한 제물로 예배하다.'라는 뜻입니다.
  이는 하나님께서 말씀을 불어넣어 당신의 형상대로 창조하신 사람이 하나님 앞에 흠 없고 점 없는 성별된 제물로 드려지는 처음 난 것, 하나님의 것이 되는 양자 곧 그리스도로서의 십일조임을 의미합니다. 하나님은 사람을 만드시되 그들을 당신을 위한 제물로 준비하기 위해서, 당신이 유일하게 기뻐 받으시는 흠 없고 점 없는 영단 번의 온전한 십일조 제물로 지으셨습니다.
  하나님께서 기뻐 받으시는 예배, 신령과 진정으로 드리는 예배를 위한 온전한 십일조 제물 그것이 바로 하나님의 복(his blessing)으로 성별된 하나님의 아들들 바로 성도입니다.
  이들은 자신은 무엇이 선이고 무엇이 악인지 구분할 줄 아는 권능이 없음을 아는 심령이 가난한 자들입니다. 이들은 자신을 산 제물로 드리는 삶을 사는데, 그 삶은 신령과 진정으로 드려지는 예배입니다. 다시 말해, 나는 무엇이 선이고 무엇이 악인지 구분할 줄 모른다고 고백하며 하나님을 믿고 의지하는 삶이 신령과 진정으로 드리는 영적 예배, 산제사입니다.

하나님은 이 예배만을 흠향하십니다. (창 8:21, 레 26:31)

성도는 만들어질 때부터 흠 없고 점 없는 온전한 십일조 제물로 성별되었으므로 선악의 율법과는 아무런 상관이 없습니다. 율법이 그들을 주장하지 못하고 정죄하지 못합니다.

성도는 성령을 구하고 찾고 두드려서 성령을 받고 성경이 들려주는 그리스도 예수에 관한 증언을 들어 그리스도 예수를 믿음으로 하나님의 말씀을 가진 자, 마음 판에 말씀이 새겨진 자이며, 하나님의 복처럼 흠 없고 점 없는 십일조로 성별한 제물입니다. 이들은 선과 악이라는 율법을 열심히 행하며 가인처럼 썩어져 없어질 땅의 소산을 얻기 위해서 수고하고 무거운 짐을 짊어질 필요가 없습니다.

대신에 아담처럼 오직 하나님을 믿기만 하면 에덴(하나님 나라)의 모든 열매 맺는 과일을 누릴 수 있습니다. 또 하나님을 아는 데 힘쓰고 하나님을 믿음으로 하나님이 원하는 일을 우선시하는 이들은 육신에게 마땅히 있어야 하는 필요를 일하지 않고도 공급받는 복도 누립니다.

온전한 십일조 되시는 여호와 하나님은 누구일까요?
하나님이라는 이름의 의미(요 1장)

하나님 이름의 뜻

(1) 빵 굽는 자

※ 예수께서 태어나신 곳은 베들레헴입니다.
  이는 빵집, 떡집이라는 뜻입니다.

빵 굽는 자가 되시는 예수께서 그곳에서 태어나신 이유입니다. 그분은 양식을 가진 자, 마르지 않는 실로암입니다. 또한 그리스도 예수는 말씀이며, 여호와 하나님이십니다. 그는 천지를 지으신 전능자이며, 태초부터 계시었고, 지금도 성도와 함께 계십니다. 그는 영원부터 영원까지 스스로 존재하시는 하나님입니다. 그런 여호와 하나님께서 사람들에게 복(blessing)을 주셨습니다. (창세기 1장)

하나님께서 사람에게 주신 복(blessing)은 '올리브오일, 말씀, 생명, 르아흐, 생수.'입니다. Blessing은 '빵 굽는 자, 올리브오일을 붓다, 진리의 말씀을 붓다.'라는 뜻입니다. 정리하자면 빵 굽는 자(하늘의 양식, 온전한 십일조)가 죽은 흙에게 '올리브오일'(말씀, 생명)을 부어 새 생명을 주시는 것이 구원의 메커니즘입니다. 한 줌의 흙, 죄, 고깃덩어리에 불과했던 사람이 '하나님의 형상을 닮은 존재'로 구별될 수 있었던 것은 순전히 '빵 굽는 자'(그리스도 예수)의 은혜와 사랑 때문입니다.

그리스도(Christ)는 치료자, 구원자, 메시아라는 뜻입니다. '기름을 붓다.'

라는 뜻도 됩니다. 그는 하늘의 양식, 생수, 온전한 십일조가 되시는 말씀을 끊임없이 공급해 주시고, 부어 주시는 '빵 굽는 자, 기름을 붓는 자.'입니다. 그분은 태초부터 계셨고, 지금도 성도와 함께하시며, 영원부터 영원까지 스스로 계시는 여호와 하나님이십니다. 육신의 예수는 본체의 그림자 형상입니다. 우리를 생명으로 이끌지 못합니다.

성도는 태초부터 계셨고, 지금도 계시는, 말씀의 본체가 되시는 여호와 하나님이면서 빵 굽는 자가 되는, 그리스도 예수께로부터 날마다 일용할 하늘의 양식, 온전한 십일조가 되는 말씀을 생명으로 공급받아야 합니다. 실로암 샘물로 자신을 씻어야 합니다. 그것이 성도가 누리는 복입니다! 양식은 구하고 찾고 두드리는 자에게만 '빵 굽는 자, 그리스도 예수, 여호와 하나님.'께서 부어주시고 공급해 주십니다!

(2) 성도의 이름을 부르는 소리, 아빠, 남편

'하나님'의 성경적 의미는 '창세전부터 하나님의 선택을 받아, 어린 양의 피로 씻긴 이스라엘 히브리 백성을 지칭하는 소리.'입니다. 여호와 하나님은 '말씀'입니다. 그러한 목자 되시는 분의 음성을 알아듣는 양들이 있습니다. 그들은 낯선 이의 음성은 듣지 않고, 따라가지도 않습니다. 목자의 양이 되는 교회는 오직 하나님의 음성을 듣고 그 음성의 인도를 따라갑니다. 그것이 해방이요, 영생이요, 구원입니다.

그렇다면 지금 여러분은 누구의 음성을 듣고 따라가고 있습니까? 여호와 하나님의 이름은 '한 가정의 가장, 혹은 신랑, 아버지'를 의미합니다. '빵 덩어리를 지키는 자'라는 의미도 있습니다. 빵은 진리의 말씀이고, 진리의 말씀은 곧 그리스도 예수입니다. 그분이 여호와 하나님 바로 'Lord God'입니다.

요한복음 10:26~28(John 10:26~28)

26. But since you are not my sheep, you don't believe me.
너희가 내 양이 아니므로 나를 믿지 아니하는 도다.

27. My sheep know my voice, and I know them. They follow me.
내 양은 내 음성을 알고 나도 그들을 알며, 그들은 나를 따르느니라.

28. and I give them eternal life, so that they will never be lost. No one can snatch them out of my hand.
그러므로 내가 그들에게 영생을 주노니 그들은 결코 길을 잃지 않을 것이오.(이제 영원히 죽지 않을 것이오.) 그들을 내 손에서 빼앗을 자가 없느니라.

여호와 하나님은 '어린 양의 피를 부으며 히브리 사람 이스라엘의 이름을 부르는 소리'라는 뜻입니다. 히브리 사람 이스라엘은 '건너간 자.'를 뜻하는데, 이는 하나님의 진리의 말씀을 듣고 믿음으로 하나님의 신부, 자녀, 백성으로 부활하여 에덴 동쪽(선악의 율법이 지배하는 지옥)에서 환도뼈가 부러지고 자신의 모든 선악의 율법적, 육적 가치를 탕진하고 얍복강을 건너서 아버지의 집으로 돌아간 '탕자'를 말합니다.

그들은 믿음으로 하나님께 복을 받을 것임을 깨닫는데, 자신들의 믿음으로 하나님께 받은 복이 샤머니즘적 복, 출세가 아니라는 것을 알고 믿게 됩니다. 그들은 하나님께 생명을 주는 말씀을 복으로 받을 것이라고 믿었습니다.

한편, 선악이라는 율법의 행위로 받은 대가, 품삯, 인과응보를 가인처럼 땅의 소산, 육의 가치를 받는 것으로 기대하는 자들은 하나님의 양이 아닙니다. 그들은 하나님의 음성을 알지 못합니다. 그러므로 율법을 믿는 자들은 그리스도 예수를 믿지 않습니다. 만일 여러분이 행위의 열심을 통해서 하나님을 기쁘게 해드릴 수 있고, 그에 상응하는 대가 혹은 품삯으로서 샤머니즘적 복을 받는다고 확신하며 믿고 있다면 여러분은 하나님의 양이 아니며 하나님을 믿지 않는 것과 같습니다.

 율법 곧 율법의 행위나 윤리, 도덕 같은 사람이 듣고 싶어 하고 사람을 기쁘게 하는 세상 풍조 혹은 세상사는 지혜나 세상 지침은 믿음에서 기인하는 것이 아닙니다.

 이런 엉뚱한 말을 듣고 싶어 하고, 따르고 그리스도의 복음이라고 확신하는 자들은 실상은 하나님을 믿지 않는 것이고, 자신과 사랑에 빠진 동성애자입니다. 또한 그런 사람들은 마귀, 사탄에게 절하고 고개 숙이며 그 대가로 천하만국을 마귀에게서 품삯으로 받습니다. 그런데 그들은 그것이 하나님께서 주시는 복이라고 착각까지 합니다.

하나님은 누구죠?

인간이 하나님이라는 존재를 접하게 될 때 가장 많이 하는 질문은 "하나님은 과연 존재할까?" 혹은 "수많은 이름으로 불리는 신 중에서 하나님은 누구일까?"일 것입니다.

이런 의문은 과학적 성찰이나 합리적 사고로부터 시작되기보다는 인간 스스로 자신이 신이고, 하나님이라는 자만에 기초한다고 보는 것이 맞을 겁니다. 이는 하나님의 존재를 부정하는 것이 아니라 오히려 하나님이 있다는 전제를 논리적으로 설명하는 인간의 자가당착이기도 합니다.

인간은 스스로 신 혹은 하나님이라고 자부하기 때문에 자신이 눈으로 직접 보고 귀로 듣고 느끼는 것만 믿습니다. 하지만 세상이라는 범주 안에는 인간이 눈으로 볼 수 있는 영역만이 포함되지 않습니다. 여러분이 이해하기 쉽도록 과학적 논리를 빌어 설명하자면, 세상은 점과 선이라는 1차원부터 2차원, 3차원 그리고 소위 묵시의 세상이라는 4차원까지. 사람의 이성이나 합리적 사고로 이해할 수 없는 영적세상이 분명 존재합니다.

눈으로 볼 수 없고, 귀로 들을 수 없다고 부정하는 것만큼 무지한 것은 없습니다.

한마디로 인간은 신의 존재를 알고 있습니다. 다만, 자신이 구축한 세상에서 왕 노릇하고 있는 자신의 왕좌를 신에게 내어주고 싶지 않기 때문에, 신을 부정하고 인정하지 않을 뿐입니다. 그러므로 이제부터 전개되는 얘기와 나눔은 인간의 입장이 아닌 하나님의 시선에서 펼쳐지는 설명으로 이해하길 바랍니다.

태초에 하나님은 '말씀'으로 존재했습니다. 더불어 하나님은 모든 만물을 말씀으로 지으셨습니다. 모든 만물은 그로부터 생명을 얻었고, 그의 생명은 모든 사람들에게 빛을 주셨습니다. (참고로 빛은 일반적으로 사람이 인지하는 햇빛 혹은 인공적 기구에 의해서 발산되는 그런 빛을 의미하는 것이 아닙니다.) 아울러 만물을 말씀으로 지으신 하나님은 자신의 생명을 유일하게 '사람'에게만 나누어 주셨습니다. 그렇기 때문에 인간은 탄생부터 기본적으로 종교에 의지하려는 성향을 보이는 것입니다.

그러면 하나님이 어떤 존재인지 정리해 볼까요? 한마디로 '말씀'이 하나님이십니다. 말씀 곧 Word는 언어, 혀, 메시지 혹은 언약이라는 뜻과 같습니다. 또한 영, 성령, 영어로 Spirit 혹은 Holy Spirit도 같은 의미를 갖습니다. 하나님은 영 혹은 성령으로 존재하시는 '언약'으로서 사람에게 생명을 주십니다. 그러니 당연히 모양이나 형체, 목소리가 없으십니다. 하지만 그분은 분명히 살아계시고 존재하시며 우주 만물을 주관하십니다.

사극을 보면 임금의 말이나 글을 전하는 메신저가 수신자에게 "○○(은)는 전하의 어명을 받으라."라고 말하는 장면이 나옵니다. 그러면 수신자가 나와서 예를 갖추고 마치 임금을 대하듯, 절을 하고, 머리를 조아리며 메신저가 전하는 임금의 '말'에 경청하거나, 두 손으로 받습니다. 듣는 사람은 임금을 직접 보거나 만나는 것이 아니지만 눈앞에서 임금을 대하듯 예를 갖춥니다.

하나님과 그의 말씀을 대하는 사람의 마음가짐도 이와 같아야 합니다. 왜냐하면 그는 하나님 나라의 왕이시기 때문입니다. 영(성령)으로 존재하시는 하나님의 말씀은 모양이나 형상, 음성이 없어 인간의 눈과 귀로는 결코 느낄 수 없기 때문입니다. 그러니 이제부터는 하나님의 생김새나 목소리에 집중하는 것보다 그가 성경에 남긴 말씀에 집중하는 편이 훨씬 이성적으로 올바른 방향일 것입니다.

하나님의 에스컬레이터
온전한 십일조 그리스도 예수와 떠나는 구원 여행!
(성경이 들려주는 십일조의 본질, 그 메시지)

사람의 탄생과 창조(창세기 2:7)

여러분은 하나님께서 설명해주신 '하나님'을 앞에서 만나보셨습니다. 좀 이해가 되실까요? 아직도 하나님의 존재를 인정하고 싶지 않으신가요? 만일 여러분이 불신자라면 이어지는 설명을 중단하지 말고 읽어보시길 조언드립니다. 그러면 비록 하나님을 믿고 따르는 성도가 되진 않더라도 '하나님이 누구신지, 죄가 무엇이고 사람은 어디서 와서 어디로 가는지, 왜 하나님을 믿어야 하는지.'에 대한 궁금증은 어느 정도 해소가 될 것이라고 확신을 해봅니다.

다시 본론으로 돌아오자면, 태초에 말씀으로 계셨던 하나님께서 인간을 지으셨습니다. 사람들은 인간의 탄생에 대한 주제로 얘기가 시작되면, 신의 존재 여부를 따지는 데 몰두하며 예민해집니다. 신의 창조를 부정하고 절대적 존재에 의해서 자신들이 만들어졌다는 사실을 인정하고 싶지 않아 합니다. 인간은 자신들의 소견대로 옳고 그름을 따지며 이성과 합리적 사고라는 그럴듯한 명분을 총동원하여 방어기제를 발휘합니다. 이는 자신들의 자리를 하나님에게 내어주고 싶지 않은 신에 대한 일종의 인간의 선전포고입니다. 왜냐하면 인간은 세상이 창조되는 순간부터 스스로 이 땅의 왕을 자처하며 세상을 지배하길 원했고, 자신들이 피조물 중에서 최고라고 착각하고 있기 때문에, 자존심을 앞세워 신과 맞서려 들고 있습니다. 한마디로 인간이 신에 의해서 지어졌다는 사실은, 스스로 선악의 차이를 분별할 줄 아는 권능이 있다고 여기는 인간 입장에서 인정할 수 없는 불편한 진리입니다.

　이제부터 여러분에게 불편한 사실에 대한 하나님 입장을 들어보고 나누는 시간을 가져볼까요? 인간의 탄생과 창조를 조금이나마 신의 시각으로 이해하려면 여러분이 과학이라는 이름으로 배웠던 '진화론'은 휴지통에 버려야 합니다. 심지어 닭이 먼저냐 알이 먼저냐 라는 식의 발상도 잊어버리셔야 합니다. 왜냐하면 신은 사람을 완전히 성장한 '어른 사람'의 모양으로 창조했기 때문입니다.

　그럼 이제 본격적으로 인간의 첫 탄생에 대한 얘기를 나눠보도록 하겠습니다. 여호와 하나님께서 한 줌의 흙으로 사람을 만들었습니다. 영어 동사 'Make'는 무에서 유를 창조함을 뜻합니다. 사람은 아무것도 아닌 nothing의 존재에서 신에 의해 Man(Adam)으로 창조된 것입니다.

　그런데 말입니다. 그렇게 한 줌의 흙으로 지어진 인간은 그 자체로는 '사람'이 될 수 없었고, 사람이라고 불릴 수도 없었습니다. 왜냐하면 흙에는 아직 생명이 없고, 생명을 잉태할 수 없는 사람의 존재는 아직 '죽음'이기 때문입니다. 인간 입장에서는 살아 움직이고 말도 하지만 하나님의 시각으로는 생명이 없는 죽은 상태였습니다. 이는 역시 사람 입장에서는 결코 수용할 수 없고, 인정할 수 없는 불편한 진실입니다. 신이 무슨 권리로 우리를 지었다는 것인가? 이것이 보편적 인간이 갖는 의문일 것입니다. 스스로 선악의 차이를 분별하는 권능이 있다고 여기는 인간이 가지는 신에 대한 반감일 것입니다. 하지만 사람 입장과는 상관없이, 인간은 스스로의 힘이나 능력과 의지, 과학이라는 프로세스에 의해서가 아니라, 창조주 되시는 하나님에 의해서 지어졌습니다.

　그럼에도 불구하고 사람이 인간의 창조에 관하여 알 수 있는 내용은 이것이 전부입니다. 왜냐하면 하나님에 관한 기록인 성경에 기록되어 있는 것이 전부이기에, 제가 여러분과 나눌 수 있는 내용도 이것 외에는 없습니다. 제가 멋대로 하나님이 되어 추측하거나 말을 만들어내어 소설을 쓸 수는 없기 때문입니다.

  한 가지 분명한 것은 하나님에 의해서 창조된 사람은 '성인'이었다는 것입니다. 이 사람은 그대로 두면 생명이 없이 다시 흙으로 돌아가야 하는 좀비와 같은 상태입니다. 아니, 죽은 상태입니다. 성경이 말하는 죽음, 하나님께서 말씀하시는 죽음이 바로 이것입니다. 즉, 하나님이 없는 상태를 의미합니다.

  하나님의 입장에서 생명은 인간이 인지하는 생명과 다릅니다. 각종 식물, 동물이 싹을 피우고, 무성한 가지를 갖고, 각종 열매를 맺고, 동물들이 본능적으로 자신들만의 삶과 영역을 유지하고, 애완 동물들이 사람과 함께 지내는 것은 생명이 있다는 증거가 아니라는 것입니다. 생명을 가진 사람(Adam)이라고 칭함을 얻기 위해서는 반드시 하나님께로부터 생명을 공급받아야 합니다. 그렇지 않은 것들은 살아있지만 생명이 없는 것과 다름없는 죽은 존재입니다.

  사람의 처음 모습도 그러했습니다. 단순히 한 줌의 흙으로 만들어진 사람 역시, 생명이 없는 죽은 상태였습니다. 한 줌의 흙에 하나님의 호흡(Life, Breathe, Spirit, Holy Spirit, Word, Christ Jesus)을 불어넣어 사람은 호흡을 시작했습니다. 한 줌의 흙으로 빚어진 형상에는 생명이 없었기 때문에 그것은 죽은 상태였습니다.

  우리는 위에서 하나님이 어떤 존재인지 살펴보았습니다. 하나님은 곧 말씀입니다. 그러므로 말씀이 없는 사람은, 사람이 아닙니다. 사람이 호흡하며 생명을 유지할 수 있는 것은 말씀이신 그리스도 예수로 말미암아 가능합니다. 이는 첫 아담이 그리스도 예수되시는 말씀에 의해서 그의 양자로 창조됨을 뜻합니다. 이것을 첫 번째 창조라고도 합니다. 하나님에 의한 이 첫 번째 창조는 인간의 이혼 선언으로 파기되고, 후에 그리스도 예수의 이름으로 오신 하나님에 의해서 최종적인 완성을 이루게 됩니다.

  이와 관련한 계시는 요한복음 20:22에 분명히 기록되어 있습니다. 부활하신 그리스도 예수께서 창세기 2:7에서 한 줌의 흙으로 사람을 지으신 후에 행하셨던 것과 동일한 일을 제자들에게 하십니다. 그는 제자들에게 호흡을 불어넣어 주시고 이르시되 "성령을 받으라." 하십니다. 요한복음에서 사용된 '성령'은 창세기 2:7에서 사용된 것과 동일한 의미를 갖습니다. 그것은 생명, 말씀, 그리스도 예수, Blessing(복)을 뜻합니다. 한 줌의 흙인 상태로 만들어진 인간은 사람이 아닌 부정한 존재입니다. 생명이 없는 죽은 존재입니다. 생명이 없는 존재가 그리스도 예수와 연합(동침)을 이룸으로 비로소 '사람'이 되는 것입니다. 여러분에게 지금 그리스도 예수가 없다면 여러분은 생명이 없는 죽은 존재와 다름없습니다.

사람의 처음 모습, 직업

세상에 공짜는 없다고 흔히 말합니다. 죄와 사망 아래에 갇혀서 선악의 이분법적 패러다임에 의해서 지배되고 있는 세상에는 왕과 백성이라는 주종 관계가 존재합니다. 세상의 왕은 자신의 백성들에게 품삯을 주지만 공짜가 아닙니다. 열심히 선악적 행위를 통해서 세상의 왕을 기쁘게 해주어야 그에 상응하는 대가로 품삯을 받을 수 있습니다. 그러므로 선악의 이분법적 패러다임이 지배하는 땅에 속한 세상에서 살기 위해서는 반드시 땀을 흘려서 땅을 경작해야 합니다.

그런데 마귀, 사탄은 선악이라는 율법 혹은 윤리, 도덕, 세상사는 지혜와 같은 세상 풍조로 사람을 선동하여 이를 끊임없이 작동시키고 사람으로부터 경배를 받습니다. 그리고 자신에게 절하고 고개 숙이는 사람들에게 천하만국을 품삯으로 주고 종으로 삼습니다.

그렇다면 한 줌의 흙으로 만들어졌다가 그리스도 예수 하나님께서 생명을 주셔서 하나님의 형상으로 '사람'이 된 첫 번째 아담은 어떤 직업에 종사를 했고, 무엇을 먹고 살았을까요?

창 2:15~17절에서 우리는 최초의 사람이 어떤 직업에 종사를 했고 무엇을 양식으로 삼았는지를 알 수 있습니다.

여호와 하나님께서는 한 줌의 흙으로 사람을 지으시고 사람에게 호흡(생명, 성령)을 불어넣어주셨고, 그로 말미암아 한 줌의 흙은 '사람'이 되었습니다. 그리고 하나님께서는 당신의 형상으로 지어진 사람을 에덴의 정원(하나님 나라)에 두셔서 책임지고 다스리게 하셨습니다.

사실 이 남자는 왕 같은 제사장으로서 하나님 나라를 다스리는 청지기였던 것입니다. 하지만 그는 자신의 노력으로 열심히 땀 흘려서 그곳을 경작하거나 더 많은 열매를 맺기 위해서 아등바등할 필요가 없었습니다. 그는 단지 하나님께서 주신 각종 나무를 관리하고, 나무에 맺히는 열매들을 양식 삼아서 먹기만 하면 되는 것이었습니다. 나무에 열매가 맺도록 하려고 자신이 열심히 땅을 경작할 필요가 없었습니다. 한마디로 하나님 나라의 백성은 품삯을 얻기 위해서 스스로 무엇인가를 할 필요가 없습니다. 왜냐하면 하나님은 오직 은혜와 사랑으로 당신이 택한 백성들을 섬기기 때문에 어떤 대가나 열심에 의해서 품삯을 주시는 분이 아닙니다.

하나님의 택함을 입은 백성들은 일하지 않고도 오직 하나님의 은혜와 사랑으로 품삯을 받는 양자입니다. 아들은 아비에게 세금을 내지 않습니다. 아들은 아비에게서 품삯을 얻기 위해서 일할 필요가 없습니다. 그것이 최초의 사람에게 직업이 없던 이유입니다.

창 4:2절에서 우리는 하나님의 말씀에 의해 '사람'으로 창조된(태어난) 하나님의 아들(성도)은 양을 치는 목자로서의 삶을 살게 됨을 봅니다. 앞에서 살펴보았듯이 하나님의 택함을 입고 말씀에 의해서 하나님의 양자로 태어난 사람들은 포도나무 되시는 그리스도 예수이자 성령(말씀)의 열매로 맺혀진 성도로서 일하지 않고도 품삯을 얻는 하나님의 청지기들입니다. 그들은 선악의 율법이라는 땅에 속한 자들이 아니므로, 그들의 양식은 땅으로부터 오지 않습니다. 또 그들은 땅에서 오는 소산(양식)을 얻기 위해서 땀을 흘려가면서 땅을 경작할 필요가 없습니다.

아담의 아들 아벨은 말씀으로 낳은 하나님의 아들입니다. 그는 양을 치는 목자였습니다. 성경에서 양은 온전한 십일조 제물을 뜻합니다. 하나님의 양자가 되는 아벨이 양을 치는 목자였다는 것은 그가 하나님의 말씀을 잘 알아듣고(순종) 깨달아서 말씀이 마음 판에 새겨졌다는 의미이고, 이는 그가 말씀으로 그리스도 예수를 아는 하나님의 일에 충실했다는 것을 뜻합니다.

그는 자신이 알고 깨달은 하나님의 말씀을 다른 사람들에게도 전파하고, 나눠주고, 흘려주는, 사명자의 삶을 살았다는 것을 의미합니다. 하나님 나라의 백성들은 오직 하나님의 일에 종사합니다. 하나님의 일은 오직 그리스도 예수를 아는 일에 힘쓰는 것입니다. 이는 선악의 율법이나 윤리, 도덕 혹은 세상사는 지혜를 복음으로 오해해서 사람을 기쁘게 하는 말로 전하는 것과는 아무런 상관이 없습니다. 하나님의 일은 아벨처럼 그리스도의 복음을 알고 깨달아서 다른 사람에게 전하는 것입니다.

십일조를 신앙의 이름으로 드리는 사람들의 속내
(하나님을 쳐 죽인 가인의 저주와 악)

누가복음 4:5~7(Luke 4:5~7)

5. Then the devil led Jesus up to a high place and quickly showed him all the nations on earth.
마귀가 예수를 높은 곳으로 이끌고 올라가서 천하만국을 보여주며.

6. The devil said, "I will give all this power and glory to you. It has been given to me, and I can give it to anyone I want to.
이르되 "내가 이 모든 권능과 영광을 네게 주리라. 이것은 내가 받은 것으로 내가 원하는 자에게는 누구에게나 줄 수 있느니라.

7. Just worship me, and you can have it all."
그러니 나를 경외하라 그러면 다 네 것이 되리라."

하나님을 믿지 않는 자들 가운데서 역사하는 악령(마귀)이 하나님이신 예수님을 시험합니다. 악령은 바울이 말한 사람을 기쁘게 하는 세상의 말, 술, 세상의 풍조 혹은 삶의 적용 지침이며, 선악의 율법입니다. 마귀는 세상의 왕이요 주인입니다. 그런 마귀가 하나님의 말씀을 교묘하게 복음인 것처럼 변개해서 사람들을 미혹합니다. 마귀는 사람들이 듣고 싶어 하는 말이나 듣기 좋은 말, 세상사 지혜나 삶의 적용 지침 등으로 성경을 변개해서 사람들로 하여금 육체의 정욕을 따르며 세상 가치를 따르게 만듭니다. 세상 가치는 자신도 하나님처럼 될 수 있다는 선악의 율법적 행위를 뜻합니다. 마귀가 전하는 세상 풍조를 그냥 듣거나 잘못 들으면, 하나님의 말씀처럼 들리고 그것을 따르면 샤머니즘적인 복을 주시겠다는 약속으로 오해하게 됩니다.

마귀가 예수님을 높은 곳, 율법의 성전 꼭대기로 이끌고 가서 온 천하를 보여줍니다. 이는 선악의 율법이라는 세상 풍조, 삶의 적용 지침이 추구하는 것이 세상의 복, 썩어져 없어질 허무한 육체의 정욕이라는 것을 보여주는 장면입니다. 선악의 율법은 사람에게 온 천하 지옥 세상의 허무한 부를 약속합니다.

마치 뱀이 하나님의 모형으로 그려진 아담을 말씀으로 유혹하며 너도 하나님처럼 될 수 있다고 말하는 것과 같습니다.

하나님처럼 될 수 있다는 것은 하나님의 말씀을 세상 풍조, 삶의 적용 지침이라는 선악의 율법이 담긴 선악과로 먹으라는 뱀의 유혹, 마귀의 유혹이었습니다.

아담은 자신도 하나님이 되어 온 천하를 가질 수 있다는 욕심에 미혹되었습니다. 마귀가 하나님이신 예수님을 지금 미혹하고 있습니다. 예수님은 하나님이 아니니 하나님인 나를 경배하라고 마귀가 예수님께 대적하고 있습니다.

'경외하다'는 초자연적 존재인 하나님을 두려워하고 존경하는 마음입니다. 선악의 율법인 마귀는 자신이 하나님이라고 주장하며, 세상의 왕인 자신을 경외하면 온 천하를 주겠다고 예수님에게 말합니다. 가인 역시 마귀에게 미혹되어 그를 하나님처럼 경외했습니다. 그 대가로 가인은 에덴 동쪽 세상에서 왕 노릇을 하며 살았습니다. 자신의 이름으로 성을 쌓고, 죽은 자들의 세상 지옥을 천국처럼 누리며 살았습니다.

요한계시록 11:2(Revelation 11:2)

2. But don't measure the courtyard outside the temple building. Leave it out. It has been given to those people

who don't know God, and they will trample all over the holy city for forty-two months.

성전 밖 마당은 측량하지 말고 그냥 두라. 이는 하나님을 알지 못하는(믿지 않는) 이방인에게 주었은즉 그들이 마흔두 달 동안 짓밟고 조롱하리라.

    십일조를 드리는 것이 믿음의 표현이라고 착각하는 사람들의 대부분은, 십일조를 드리는 것은 하나님을 인정하는 것이라고 합니다. 하나님이 우주만물을 창조하셨는데, 자신들이 누리는 물질이나 부귀영화가 하나님께로부터 온다고 믿는 것이 그들의 이해고 주장입니다. 가인도 그렇게 주장했습니다. 그런데 요한계시록 11:2절을 읽어보면 이들의 주장이 터무니없음을 알 수 있습니다.

    하나님은 자신을 믿으면 온 천하, 천하만국을 주겠다고 약속한 적이 없습니다. 오히려 하나님은 온 천하만국을 마귀의 말대로 마흔두 달 동안 하나님을 믿지 않는 이방인들에게 내어 주셨습니다. 마귀가 터무니없이 자신이 천하만국을 받았다고 한 것이 아닙니다. 하나님이 믿지 않는 자들을 마지막 날에 심판의 근거로 삼기 위해서 이 세상 곧 천하만국을 짓밟도록 내어 준 것입니다. 그런데 스스로 하나님을 믿는다는 대부분의 사람들이 가인처럼 땅을 경작해서 얻은 소산의 일부를 하나님의 것이라며 십일조 명목으로 드리고 있습니다. 결국 이들의 속내는 세상 풍조 곧 마귀를 따르며 더 많은 땅의 소산을 얻기 위함이지 하나님을 인정하고 믿는 것이 아닙니다. 하나님이 아닌 마귀가 주는 땅의 소산을 하나님의 것이라고 드리는 것은 믿음이 아니며 하나님의 말씀을 조롱하는 성령훼방 죄입니다.

**창세기에 처음 등장하는 온전한 십일조,
아벨이 드린 영 단번의 제물과 제사**

창세기 4:2~5(Genesis 4:2~5)

2. Later she had another son and named him Abel. Abel became a sheep farmer, but Cain farmed the land.
하와가 또 다른 아들을 낳으매 아벨이라고 이름 지었고, 아벨은 양을 치는 목자가 되었고, 그의 형 가인은 땅을 경작하는 농부가 되었더라.

3. One day, Cain gave part of his harvest to the LORD
어느 날 가인은 그가 얻은 땅의 소산을 하나님께 영 단번의 제물로 드렸고

4. and Abel also gave an offering to the LORD. He killed the first-born lamb from one of his sheep and gave the LORD the best parts of it. The LORD was pleased with Abel and his offering
아벨도 여호와께 제물을 드리되 양의 무리(교회) 중에서 첫 새끼를 취해서 가장 좋은 부위를 드리니 여호와께서 아벨과 그의 제물은 기뻐 흠향하셨으나

5. but not with Cain and his offering.
가인과 그의 제물은 기뻐하지도 않으시고 흠향하지도 않으시니

하나님이 사람을 당신의 형상대로 지었다 함은 첫 사람 아담을 말씀으로 위로부터 낳았다는 의미입니다. 즉, 아담은 말씀이라는 성령을 씨앗으로 받아서 생명을 얻어 위로부터 난 자입니다. 그러므로 아담 역시 생명의 씨앗으로 하나님의 자녀를 낳을 수 있는 말씀을 가진 자였습니다. 성경이 그가 생령이 되었다고 증언하는 이유입니다. 그런 아담은 아벨을 하나님의 말씀으로 낳았습니다. 마치 바울이 디모데를 복음으로 낳은 것처럼.

정리하면 이렇습니다. 하나님은 복음을 아담에게 전했고, 아담은 복음을 듣고 믿었습니다. 복음을 믿으면 성령을 값없이 받게 되고, 다른 사람에게 전하고, 나누어 주며, 누군가를 또 하나님의 자녀로 낳을 수 있습니다. 다시 말해, 내가 하나님의 진리의 말씀에 의해서 첫 열매 곧 십일조로 맺혀지면 나 역시 누군가를 십일조로 낳을 수 있습니다.

성경이 말하는 누가 누구를 낳았다는 것은 단순히 생물학적 종족 번식을 표현한 것이 아닙니다. 다시 말해, 생명의 근원이 되는 하나님의 말씀을 가진 산 자의 어미로서 이스마엘이 아닌 이삭을 낳는 것입니다. 아담을 포함한 하나님의 말씀을 가진 성도들의 출산은 선악의 율법에 매여서 죄의 종노릇하고 있는 죽은 자들의 세상, 지옥, 저주의 바다에서 살고 있는 물고기(fish)와 새들을 예수님의 제자들처럼 말씀이라는 그물로 건져내어 구원에 이르게 하는 이웃 사랑이고, 믿음을 행하는 것입니다.

즉, 창세기 1장에서 하나님이 사람을 지은 후에 하신 말씀처럼 '땅에서 생육하고 번성하며, 바다의 물고기와 공중의 새를 다스리라'는 것입니다. 이는 말씀에 의해서 위로부터 나아진 자, 이삭의 어머니 사라와 같은 산 자의 어미만이 할 수 있는 구제이고 하나님이 행하시는 십일조 정신입니다.

반면, 선악의 율법에 매여서 죄의 종노릇하고 있는 이스마엘의 엄마, 하갈은 성령이 없음으로 생명을 잉태할 수 없습니다. 그러므로 그가 낳는 자녀는 육체를 따라서 땅의 것을 쫓으며 땅으로 돌아갈 자 가인과 이스마엘뿐입니다.

이들은 하나님의 말씀을 육체의 정욕을 따르는 세상 풍조 선악의 율법으로 잘못 알아듣고 생육하고, 번성하라, 땅에 충만해라, 바의 물고기와 공중의 새를 정복하라는 성경을 곧이곧대로 행위로서 행합니다. 이들은 이방 종교를 믿는 자들을 심판하겠다며 십자군 원정을 하고 멀쩡하게 잘 살고 있는 아메리카 대륙으로 넘어가서 인디안 원주민을 쫓아내고 주인 행세를 합니다.

아담은 생명의 말씀, 씨앗을 가진 자로서 아벨을 위로부터 낳았습니다. 하나님의 말씀을 통해 위로부터 태어난 아벨은 복음을 들었고, 믿었습니다. 그는 아버지 아담처럼 생령이 되어 양을 치는 목자가 되었습니다. 생명을 살리는 말씀을 가진 자는 말씀으로 창세전 하나님의 택함을 입은 양(성도, 교회)을 돌보는 일을 합니다.

또 아버지 아담으로부터 전해들은 그리스도 예수에 관한 이야기를 듣고 평생 그분과 그분을 보내신 이를 아는 일에 힘쓰는 하나님의 일에 종사합니다. 아벨은 하나님의 복을 받은 자입니다. 하나님의 복을 받았다는 것은 창세전에 이미 하나님이 어린양의 보혈로 흠 없고 점 없는 예배의 제물로 성별했다는 것을 의미합니다. 즉, 아벨은 하나님이 유일하게 기뻐 받으시는 예배의 제물이고, 하나님이 당신을 위해서 직접 준비하신 어린양 화목 제물 온전한 십일조였습니다.

십일조 제물은 선악의 율법에 매여서 율법을 행함으로 죄를 범한 사람과 하나님 사이의 화평을 회복하는 유일한 길입니다.

사람은 그 길을 통해서만 죄의 벽을 허물고 하나님과 다시 연합 동침을 할 수 있습니다. 그러기 위해서는 오직 한 번만 드려지는 제물로 한 번의 제사를 하나님께 드려야 합니다. 그 제물이 바로 영 단번의 제사를 위한 온전한 십일조 제물입니다.

아버지 아담으로부터 그리스도 예수에 관한 얘기를 전해들은 아벨은 그것을 알았던 것입니다. 그래서 자신이 돌보는 양들 중에서 첫 새끼를 드렸습니다. 앞서 말씀드렸지만 아벨이 치던 양은 창세전 하나님의 택함을 입은 이스라엘 백성을 의미합니다.

왜 아벨은 하필 양의 무리 중에서 처음 난 것을 하나님께 제물로 드렸을까요? 하나님께서 들려주신 복음을 듣고 믿는 자들은 하나님께로부터 오는 말씀을 값없이 받습니다. 말씀은 곧 그리스도 예수입니다.

아벨은 그리스도 예수가 누군지를 알았고, 그리스도 예수는 하나님이 말씀으로 낳은 첫 아들 곧 장자 십일조로서 하나님의 것임을 알았던 것입니다. 마찬가지로 어린양 첫 새끼는 하나님의 것으로서 온전한 십일조입니다. 하나님은 사람이 손으로 지은 것으로 섬김을 받지 않으시고, 오직 첫 새끼 곧 어린양 그리스도 예수만을 온전한 십일조로 받으십니다.

아벨이 치던 양은 하나님의 백성을 의미합니다. 이스라엘은 선악의 율법에 매여 죄를 짓고 삯으로서 생명을 잃고 죽었습니다. 길을 잃은 신세입니다. 그런 이스라엘이 죄와 심판의 저주에서 벗어나려면 죄의 대가를 지불해야 합니다. 하지만 스스로는 결코 죗값을 치를 수 없습니다. 결국 누군가 그들을 대신해서 빚을 갚아 주어야 합니다. 그래야 살 수 있습니다. 아무런 죄가 없는 존재가 은 20의 몸값을 치르고 이스라엘을 대표해서 빚 보증서로서 하나님께 드려져야 비로소 죄와 죽음의 심판을 피할 수 있습니다.

아벨이 하나님께 드린 양무리들 중의 첫 새끼는 바로 하나님의 백성이 되는, 온 이스라엘을 대표하는 십분의 일, 가장 좋은 것, 흠 없고 점 없는 성별된 제물 온전한 십일조였습니다. 다시 말해, 아벨이 하나님께 드린 어린양의 첫 새끼는 십일조이신 그리스도 예수의 그림자였습니다. 하나님이 아벨의 제물을 기뻐 받으시고 흠향하신 이유입니다.

아벨은 그리스도의 모형으로도 그려지고 있습니다. 그는 한 알의 밀알입니다. 밀알은 반드시 땅에 떨어져서 썩어야 합니다. 그래야 자신을 희생해서 많은 생명을 살릴 수 있는 것입니다. 그리스도의 모형이 되는 아벨은 양의 무리를 대표하는 십일조로서 자신을 하나님께 드렸고, 덕분에 많은 생명을 살렸습니다.

한 알의 밀알이 되어 땅에 떨어져서 썩어짐으로 많은 생명을 낳았습니다. 아벨이 하나님을 예배한 후에 흔적도 없이 사라진 이유입니다. 그리스도 예수께서 율법이라는 돌에 맞아 죽고, 수많은 이스라엘이 새 생명을 얻은 것처럼, 아벨의 죽음으로 셋이라는 성령의 열매가 열렸습니다.

아벨이 하나님께 드린 첫 새끼의 제물은 바로 하나님께서 유일하게 기뻐 받으시는 하나님의 것(말라기 3장)이 되는 온전한 십일조입니다. 하나님은 그 제물로 드려지는 예배만을 기뻐 받으십니다. 이와 관련된 성경구절 히브리서 11:25~26을 살펴보겠습니다.

히브리서 11:25~26(Hebrews 11:25~26)

25. Christ did not have to offer himself many times. He wasn't like a high priest who goes into the most holy place each year to offer the blood of an animal.

그리스도께서는 자신을 여러 번 제물로 드릴 필요가 없었으니 이는 그가 해마다 짐승의 피를 제물로 드리기 위해 성소에 들어가는 대제사장과 같지 않음이시라.

26. If he had offered himself every year, he would have suffered many times since the creation of the world. But

instead, near the end of time he offered himself once and for all, so that he could be a sacrifice that does away with sin.

만일 그가 해마다 자신을 제물로 드렸다면, 태초부터 여러 번 고난을 받았어야 하거늘 세상 끝에 나타나시어 영 단번의 제물로 자신을 드려 죄를 사하시려 하셨으니

창세기 4장과 이후를 살펴보면 아벨이나 가인이 하나님에게 여러 번 예배드렸다는 기록이 없습니다. 왜냐하면 십일조는 하나님께 딱 한 번만 드리는 제물이기 때문입니다. 십일조를 드리고 하나님을 예배한다는 것은 나의 죄가 무엇인지를 깨달아서 회개하고, 속량을 얻기 위해서 하나님께 은혜와 긍휼을 구하는 것입니다. 그것이 바로 하나님이 원하시는 게 무엇인지를 구하는 예배, 성도가 드려야 하는 기도입니다. 아벨은 아담으로부터 복음을 듣고 그리스도 예수가 누군지를 알고 믿었습니다. 그리스도를 믿으면 죄, 의, 심판에 대하여 알게 됩니다. 죄는 그리스도를 세상의 왕, 육신의 삶을 돌보고 내가 원하는 것을 이루어 주는 존재로 오해하는 것을 말합니다.

요한복음 16:8~9(John 16:8~9)

8. The Spirit will come and show the people of this world the truth about sin and God's justice and the judgment.

성령이 와서 죄에 대하여, 의에 대하여, 심판에 대하여 세상 사람들에게 알려주리니

9. The Spirit will show them that they are wrong about sin, because they didn't have faith in me.

성령이 그들에게 죄가 무엇인지 알게 하리니 이는 그들이 나를 믿지 않았음이라.

아벨은 복음을 들었고, 그리스도 예수를 믿음으로 죄가 무엇인지를 깨달았습니다. 그리고 자신이 죄로부터 해방되기 위해서는 선악의 율법을 열심히 행위로서 행하는 것이 아니라 그리스도 예수를 믿어야 함을 알았습니다. 그리스도 예수와 함께 선악의 율법에 매여 있던 나의 옛 사람도 죽어야 함을 알았습니다.

옛 사람이 죽는다는 것은 그리스도 예수를 믿는다는 뜻입니다. 그리스도 예수를 믿으면 사람은 누구나 율법에서 해방되는데 인간이 그리스도와 함께 십자가에 못 박혔다는 의미를 가집니다. 그래서 아벨은 어린양 그리스도 예수와 함께 온전한 십일조로서 하나님께 드려졌습니다. 뿐만 아니라, 앞서 언급했듯이 하나님은 사람을 지을 때부터 어린양의 보혈로 흠 없고 점 없는 온전한 십일조로 성별하셨습니다. 당신의 백성을 예배로 섬길 뿐만 아니라, 믿음의 예배를 받기 위해서, 하나님이 스스로를 위해서 예비하신 온전한 십일조입니다.

반면, 가인은 땅을 경작하는 농부가 되었습니다. 흙은 육신의 본향인데 그곳은 죽은 자들의 처소입니다. 성령에 의해서 위로부터 난 자를 제외하고, 선악의 율법에 매여서 죄의 종노릇하며, 육체의 정욕과 세상 풍조를 따르는 자들은 육신이 죽으면 그곳으로 돌아가게 됩니다. 그들은 하늘이 아닌 땅에 속한 자들이기 때문입니다. 그러므로 가인이 땅을 경작했다는 것은 땅에 속한 자를 뜻하는 것이고 하나님의 백성이 아님을 의미합니다. 만일 가인이 아버지 아담이 들려주는 그리스도 예수에 관한 얘기를 귀 기울여서(순종) 잘 듣고 이를 믿었다면, 땅에 소산을 얻겠다고 땅을 경작할 수 없습니다. 땅은 땅에 속한 죽은 자만이 경작합니다.

땅을 경작한다는 것은 율법을 행위로서 행한다는 말입니다. 자신은 무엇이 선이고 무엇이 악인지 구분할 줄 알고 차이를 아는 권능이 있다고 여기면서 자기 멋대로 보기에 옳은 대로 소견대로 선과 악을 나누고 정의해서 열심히 행위로서 행하는 것이 땅을 경작하는 것입니다. 그것은 곧 율법의 행위를 통해서 스스로를 구원하겠다는 것이고 자신의 율법적 행위가 하나님의 기쁨이 될 것이라는 확신이 가인으로 하여금 땅을 경작하게 만듭니다. 반면, 하나님의 품꾼에게는 양식이 풍족해서 가인처럼 굳이 땅을 경작하며 열심히 선악의 율법을 행하고 수고하고 무거운 짐을 짊어지고 일하지 않고도 주인에게서 품삯을 받습니다.

하지만 가인은 교훈이나 삶의 적용 지침 등과 같은 세상 풍조를 복음으로 오해하고 선악이라는 율법을 행위로서 지키려고 부단히 애를 씁니다. 안타까운 것은 자신은 복음이 무엇인지 알고 그리스도 예수가 누군지 안다고 확신한다는 것이고, 선악을 나누고 정의해서 열심히 행위로서 지키려고 하고, 선악으로 세상을 변화시키려고 노력하면 하나님이 기뻐하시고 이 땅에서 잘 먹고 잘 살 수 있도록 샤머니즘적 복도 주신다고 오해하는 것입니다.

사실, 가인은 아벨처럼 양을 치는 목자가 아닌 세상 왕이 맡긴 돼지를 치는 사람입니다. 가인은 선악이라는 율법의 세상 왕 세상 풍조라는 악령, 사탄, 마귀의 종노릇을 하는 창녀이며 귀신들린 자입니다. 그가 땅을 경작해서 얻은 소산은 (사실) 돼지가 먹는 쥐엄 열매입니다. 자신의 몸을 팔아서 얻은 품삯입니다. 그런 가인은 선악의 행위를 통해서 맺혀진 열매, 믿지 않는 자들 가운데서 역사하는 악령 곧 율법이라는 세상 풍조가 맺은 열매를 하나님께서 주신 것이라고 확신하며 일부를 하나님께 드렸습니다. 가인도 마찬가지로 딱 한 번만 제물을 하나님께 드렸고 그가 드린 제물도 십일조입니다. 그런데 가인 드린 십일조는 구약의 제사장들이 하나님을 농락한 것처럼 흠 있고 점 있는 부실한 제물 가짜 열매였습니다. 왜냐하면 가인이 땅을 경작해서 선악의 율법을 열심히 행위로서 행하며 세상 왕에게 자신의 몸을 팔아서 얻은 소산은 하나님의 것이 아닙니다. 마귀가 준 품삯 곧 썩을 양식은 십일조 제물이 될 수 없습니다.

사도행전 17:25(ACTS 17:25)

25. He doesn't need help from anyone. He gives life, breath, and everything else to all people.

하나님은 사람의 섬김이 필요치 않으시니 그가 만민에게 생명과 호흡과 만물을 주심이라.

대부분의 크리스천들이 오해하는 것이 하나 있는데, 내가 누리는 세상의 부와 양식, 권력 등이 하나님께로부터 온다고 확신하는 것입니다. 하나님이 우주 만물을 창조한 것은 부정할 수 없는 사실이지만, 하나님은 우주 만물을 지은 후에 사람에게 주시면서 모든 것은 내가 네게 주는 것이니 감사한 마음으로 내게 물질을 가져오라 그것이 나를 향한 믿음이며 신앙이라고 말씀하지 않았습니다. 성경 어디에도 그런 말은 없습니다.

사람이 생업 활동을 통해서 얻는 수입이라는 것이 무엇입니까? 수입이라는 것은 선악이라는 율법의 이분법적 패러다임에 매여서 율법을 행하면서 얻은 결과물입니다. 한마디로 가인처럼 땅을 경작해서 자신의 땀을 흘려서 얻은 땅의 소산입니다. 땅의 소산은 땅에 속한 자들의 양식 곧 돼지들이 먹는 쥐엄 열매입니다. 그 쥐엄 열매는 하나님께서 주시는 양식이 아닙니다.

쥐엄 열매는 세상 왕 선악의 율법이라는 세상 풍조, 삶의 적용 지침이 주는 돼지 먹이입니다. 그런데 크리스천이라는 사람들이 자신의 믿음과 신앙의 표식이라며 가인처럼 쥐엄 열매를 하나님의 것, 십일조라는 명목으로 드리며 하나님을 예배하겠다고 합니다. 그러면서 하나님이 기뻐 받으시고 흠향하는 제물이라고 스스로 확신합니다. 처음 난 것, 하나님께 속한 하나님의 것 곧 하나님이 유일하게 기뻐 받으시는 온전한 십일조는 땅의 소산이 아닙니다. 땅의 소산 쥐엄 열매는 하나님이 주는 것이 아니라 세상 왕, 마귀가 주는 돼지 먹이입니다.

오늘날의 한국 교회 크리스천들도 가인이나 구약의 이스라엘 백성과 별반 차이가 없습니다. 그들은 이 땅에서 잘 먹고 잘 사는 것이 하나님의 복이라며, 하나님께 수시로 샤머니즘적 복을 구하고 열심히 세상 풍조, 삶의 적용 지침을 따르며 땅을 경작하고, 가인과 같이 땅의 소산을 얻습니다. 그리고 구약의 이스라엘 백성처럼 자신이 얻은 소득의 일부를 하나님을 향한 믿음이라며 십일조라는 명목으로 가져옵니다.

성경은 그리스도 예수에 관한 기록이라고 예수님이 직접 말씀하셨습니다. 그리스도 예수는 하나님께 속한 처음 난 것이 되는 온전한 십일조입니다. 그러므로 성경은 창세기부터 요한계시록까지 오직 온전한 십일조 되시는 그리스도 예수만을 증언합니다. 세상 풍조나 세상사는 지혜, 삶의 적용 지침이나 교훈, 윤리도덕 얘기를 하는 것이 아닙니다. 잘 읽고 깨닫기 바랍니다.

이사야 1:11~12(Isaiah 1:11~12)

11. "Your sacrifices mean nothing to me. I am sick of your offerings of rams and choice cattle I don't like the

blood of bulls or lambs or goats."

"너희의 제물이 내게 무슨 유익이 있겠느냐. 너희가 올리는 숫양의 제물과 소도 이제는 지겹고 수송아지나 어린 양이나 숫염소의 피도 기뻐하지 않느니라."

12. "Who asked you to bring all this when you come to worship me? Stay out of my temple!"

"나를 예배하러 올 때에 누가 이것을 가져오라 너희에게 요구하였느냐? 내 성전에는 발도 들이지 말라!"

이스라엘 백성들은 자신들이 율법이라고 오해하고 있는 계명을 하나님의 관점으로 들으려 하지 않았습니다. 그들은 하나님의 음성에 귀 기울이(순종)지 않고 자기 멋대로 율법을 해석하고 행했습니다. 그들은 해마다 소와 양(십일조 제물)을 잡아서 하나님을 예배하며 속량을 구했습니다. 하지만 사람이 땅을 경작해서 얻은 땅의 소산은 하나님께 속한 것이 아니며 하나님을 기쁘게 하는 십일조도 될 수 없음을 그들은 깨닫지 못했습니다.

율법에 숨겨진 진의를 보고 들어야 하는데 머리가 곧은 백성이다 보니 눈과 귀가 가려져서 하나님의 크고 놀라운 계시를 듣지도 못하고 보지도 못했던 것입니다. 그러면서 오직 피의 희생 제사를 드리며 스스로는 하나님을 믿는다고 확신했습니다.

이사야 1:11~12절을 살펴보겠습니다. 가인과 구약의 이스라엘 백성의 공통점은 이들은 열심히 선악의 율법을 행위로서 행했다는 것입니다. 그러면서 행위의 결과물을 맺겠다고 땅을 경작했습니다. 그리고 자신들이 얻은 땅의 소산은 하나님께로부터 온 것이니 하나님께 드려야 하고 하나님도 반드시 기뻐 받으셔야 한다고 확신했습니다. 그런데 오늘 이사야 선지자는 뭐라고 책망하나요? 하나님은 선악의 율법의 행위를 통해서 맺은 땅의 소산이나 사람이 손으로 지은 것으로 섬김을 받지 않으십니다. 아무리 짐승을 많이 잡고 살과 피를 하나님께 드린다고 해도 하나님 앞에 제물이 될 수 없습니다. 하나님의 것 첫 새끼 다시 말해 온전한 십일조만이 하나님께 드려질 수 있는데, 짐승이나 물질 혹은 십일조, 헌금은 결코 하나님께서 받지 않으십니다.

  게다가 하나님은 당신을 예배할 때에 이런 것을 가져오라고 말씀한 적이 없다고 하십니다. 그럼 하나님도 원치 않는 쥐엄 열매, 돼지먹이를 누가 신앙과 믿음의 명목으로 가져오라고 하는 걸까요? 하나님의 책망에 깨달음이 있길 바라며, 온전한 십일조 그리스도 예수를 성경에서 만나기 바랍니다.

  아래 요한계시록 역시 가인처럼 땅을 경작해서 얻은 소산을 하나님께 드리는 것이 신앙이라며 하나님을 창녀 취급하는 한국 교회를 향한 하나님의 책망입니다. 흙에서 온 자들, 땅에 속한 자들의 본향이 내는 소산은 모두 가시나무와 엉겅퀴일 뿐입니다. 땅이 내는 소산은 처음 난 것이 되는 온전한 십일조가 아닙니다. 하나님은 관심도 없으십니다.

  구체적으로 살펴보도록 하겠습니다. 아벨은 아버지를 따라서 육신으로는 선악의 율법에 매여 있는 세상 에덴 동쪽 유배지에서 살고 있었습니다. 하지만 그는 하나님의 말씀에 의해서 위로부터 난 자이기 때문에 땅에서 온 자들의 본향에 속해있지 않았습니다. 아벨은 천국을 누리며 일하지 않고도 품삯을 얻는 하나님 나라 품꾼의 은혜를 누렸습니다. 그래서 아벨은 땅을 경작하지도 않았고, 땅에서 소산을 얻지도 않았으며, 수고하고 무거운 짐을 짊어지지도 않았습니다.

  그는 하나님이 아담에게 전하시고 아담이 아벨에게 전한 그리스도 예수에 관한 얘기 곧 복음을 듣고 믿음으로 하나님의 자녀가 되는 권세를 얻었고, 땅에 속한 자가 아닌 하늘에 속한 자로서 늘 말씀 안에서 하나님과 동행했습니다.

그런데 가인은 어떠했나요? 가인은 스스로를 하나님으로 섬기는 동성애자였습니다. (성경은 피조물 사람이 하나님이 아닌 인간 스스로를 하나님으로 여기며 자신을 사랑하고 숭배하는 것을 '동성애'라고 말합니다.) 그는 스스로 선악의 차이를 안다고 확신했고, 무엇이 선이고 악인지 알게 하는 권능을 가졌다고 여기며, 자신이 보기에 옳은 대로 선과 악을 나누고 정의해서 행하며 그것을 자신의 의로 여겼습니다.

가인이 땅을 경작했다는 것은 그가 육신의 정욕을 따라서 율법을 행하며 땅의 소산을 얻었다는 의미입니다. 하지만 가인이 얻은 소산은 먹으면 먹을수록 만족감이 없는 공갈빵이었습니다. 아무리 자신이 직접 땅을 경작해서 얻은 소산을 계속해서 먹어도 목마름과 배고픔은 해결되지 않았습니다. 왜냐하면 가인은 하나님의 말씀이 아닌 세상 풍조 곧 삶의 적용 지침을 따르며 썩어져 없어질 것을 쫓는 땅에 속한 자였기 때문입니다. 하나님의 말씀이 없는 가인은 하나님을 믿지 않는 자들에게 내어주신 지옥을 통치하는 왕이었습니다.

가인은 선악의 율법을 행위로서 지키겠다고 너스레를 떨며 세상이라는 지옥에서 왕 노릇하면서도 하나님을 믿는다고 확신했습니다. 자신의 행위가 하나님께 반드시 기쁨이 될 것이며 하나님도 기뻐할 것이라고 확신했습니다. 땅에 속한 자요, 죽은 자들의 처소로 돌아갈 자 가인은 하늘에 속한 이를 믿고 예배하겠다며, 땅의 소산 가시나무와 엉겅퀴를 제물로 하나님을 예배했습니다. 자신이 얻은 땅의 소산의 일부를 믿음이라며 하나님께 십일조로 드렸습니다. 하지만 땅에 속한 자가 땅에서 얻은 소산은 하나님께서 기뻐 흠향하시는 십일조가 될 수 없기에 하나님은 제물을 받지 않으셨습니다. 그러자 세상의 왕, 세상 풍조, 삶의 적용 지침이 되는 선악의 율법, 술이 그리

하나님의 에스컬레이터

스도 예수의 모형이 되는 아벨 곧 하나님의 말씀을 가진 자를 율법의 돌로 쳐 죽이기까지 합니다.

한편, 하늘에 속한 자와 땅에 속한 자, 생명책에 이름이 기록된 자와 기록되지 않은 자가 하나님께 드리는 십일조는 다릅니다. 그들 모두 스스로 하나님을 믿는다고 여기고, 하나님이 누군지 복음이 무엇인지 안다고 확신합니다. 하지만 우리는 아래 요한계시록을 통해서 왜 하나님이 가인과 그의 제물을 받지 않으셨는지 알 수 있습니다.

요한계시록 13:8(Revelation 13:8)

8. The beast was worshiped by everyone whose name wasn't written before the time of creation in the book of the Lamb who was killed.

죽임 당한 어린 양의 생명책에 창세전에 이미 이름이 기록되지 못하고 누락된 자들이 짐승을 경배하더라.

죽임 당한 어린 양은 당신의 백성을 대표해서 영 단번의 온전한 십일조 제물로서 십자가에 매달리신 그리스도 예수를 의미합니다. 그럼 어린 양의 생명책이라는 것은 어떤 책일까요? 생명책이 따로 있다는 말일까요? 아닙니다. 생명책은 성경을 말합니다. 자세히 살펴보면 알 수 있습니다. 왜 하필 성경은 '어린 양의 생명책'이라는 표현을 썼을까요?

하나님이신 예수님도 말씀하셨습니다. "이 성경은 나에 관한 기록이다."라고 하셨듯이 성경은 교훈이나 도덕을 가르치고 세상 풍조나 세상사는 지혜 혹은 삶을 살아가는 데 있어서 참고해서 적용하는 지침 등을 가르치지 않습니다. 성경은 창세기부터 요한계시록까지 오직 그리스도 예수에 관한 얘기만을 합니다. 그리스도 예수는 말씀이며, 하늘의 생명입니다. 한 줌의 흙을 하나님의 형상, 흠 없고 점 없는 십일조 제물로 성별해서 하나님의 아들로 삼아 주신 분이 바로 하나님이신 그리스도 예수입니다. 사람은 그리스도 예수를 믿어야 생명을 얻습니다. 성경은 바로 그리스도 예수가 누군지를 알려주는 그리스도 예수에 관한 기록입니다. 그래서 성경을 어린 양의 생명책이라고 부르는 것입니다.

창세전에 하나님의 택함을 입은 하나님의 백성들은 하나님의 은혜로 말미암아 끊임없이 성령을 구하고 찾고 두드려서 성령을 받고 성령이 풀어주는 그리스도 예수에 관한 얘기를 성경을 통해서 듣습니다. 양은 목자의 음성을 알고, 목자도 자신의 양을 안다고 하신 예수님의 말씀처럼 성령의 역사를 통해서 성도와 그리스도 예수 하나님은 상호 작용을 하게 됩니다.

성도는 이미 생명책에 이름이 기록된 자들이기에, 반드시 성령을 구하고 찾고 두드려서 성령을 받고, 성령이 들려주는 그리스도 예수에 관한 이야기를 듣게 되며, 결국에 유일하신 참 하나님과 그가 보내신 그리스도 예수를 믿게 됩니다. 그러므로 성도는 결코 땅을 경작하지 않을뿐더러 땅의 소산을 하나님이 기뻐 받으신다고 스스로 확신하며 하나님께 십일조로 드리지도 않습니다. 반면에 가인처럼 땅에 속한 자들은 이미 창세전에 생명책에 이름이 기록되지 않았기에, 아무리 성령을 구하고 찾고 두드리라고 해도 성령을 구하지도 않고, 성경을 아무리 많이 읽고 쓴다고 할지라도, 그들에게는 교훈이나 세상 풍조 혹은 세상사는 지혜나, 삶의 적용 지침으로밖에 읽히지 않습니다. 한마디로 그들은 땅에 속한 자들입니다.

땅에 속한 자는 땅을 경작하고 땅에서 소산을 얻습니다. 그리고 소산을 하나님이 주신다고 여기며, 돼지들이 먹는 쥐엄 열매를 하나님께 십일조로 드립니다. 그러면서 자신의 믿음을 받으시고 더 많은 쥐엄 열매를 수확할 수 있도록 복을 달라고 합니다. 가인은 자신이 하나님의 칭찬을 듣고, 하나님의 기쁨이 되며, 하나님으로부터 자신이 원하는 것을 얻을 수 있는 땅에서의 복을 누릴 수 있는 자격이 있다고 굳게 믿었습니다.

요한계시록 21:27(Revelations 21:27)

27. But nothing unworthy will be allowed to enter. No one who is dirty-minded or who tells lies will be there. Only those whose names are written in the Lamb's book of life will be in the city.

무엇이든지 자격이 없는 것은 들어가지 못할 것이요, 음흉하거나 거짓말 하는 자도 들어가지 못하리니. 오직 어린 양의 생명책에 기록된 자들만 들어가리라.

그렇다면 가인이 확신한 자격은 무엇이었을까요? 가인은 땅에 속한 자로서 땅을 경작했습니다. 왜 그랬을까요? 가인은 하나님이 누군지 알지 못했습니다. 하나님이 누군지 알려면 하나님 그리스도 예수에 관한 얘기, 복음에 귀를 기울여야 합니다. 복음을 귀 기울여서 들어야 합니다. 그것이 순종입니다.

누군가를 믿으려면 믿음의 대상이 누군지 알아야 합니다. 내가 믿으려는 대상이 누군지도 모르는데 믿을 수 없고 믿어지지 않습니다. 가인은 복음에 귀를 기울였을까요? 아담은 가인에게 복음 그리스도 예수에 관한 얘기를 전하고 가르쳤습니다. 하지만 가인은 귀를 기울이지 않고, 자기 멋대로 자기 보기에 옳은 대로 소견대로 아버지 아담이 하나님께로부터 직접 듣고 전하는 복음을 땅의 것을 취하는 세상 풍조로 잘못 알아들었습니다.

가인은 땅에서 잘 먹고 잘 사는 것에만 관심이 있었습니다. 가인은 스스로 땅을 경작해서 되도록 많은 소산을 얻기를 원했습니다. 그리고 하나님이 자신의 그런 원함을 들어줄 거라고 확신했습니다. 그래서 아버지 아담에게 들은 그리스도 예수에 관한 얘기를 세상사는 지혜나 삶의 적용 지침, 교훈 등으로 잘못 알아들었습니다. 말하는 이가 전하고자 하는 진의에는 전혀 관심도 없이 자신이 듣고 싶은 대로, 듣고 싶은 것만을 듣고 땅의 소산을 얻는 데 관심이 있을 뿐이었습니다.

　가인이 보여준 종교 생활은 아비가 흑암, 공허, 혼돈, 죄, 흙인 땅에서 온 자들의 본래의 모습입니다. 땅에 속해서 본향이 땅인 자들은 땅을 경작하고 소산을 얻습니다. 가인도 그랬습니다. 그리고 가인은 더 많은 땅의 소산 즉 쥐엄 열매를 수확하게 해달라고 하나님께 자신이 얻은 쥐엄 열매를 십일조로 드렸습니다. 자신의 선악적 행위를 기뻐 받으시고, 자신을 구원해달라고 했습니다.

　가인은 알지 못했습니다. 구원은 사람의 노력이나 열심 혹은 힘과 의지로 이룰 수 있는 것이 아니라는 것을 알지 못했습니다. 하나님을 예배하는 온전한 십일조 제물은 사람이 아닌 하나님이 직접 당신을 위해서 준비한다는 것도 알지 못했습니다. 가인은 하나님이 누군지 알지 못했습니다. 가인의 이름이 생명책에 기록되지 못한 이유입니다. 그래서 가인은 하나님 나라, 새 하늘과 새 땅에 입성하지 못하고 오고 갈 데 없는 방랑자 신세가 되었습니다.

믿음으로 드리는 온전한 십일조

처음 난 처음 것 하나님의 것 그리스도 예수

히브리서 11:4(Hebrew 11:4)

4. Because Abel had faith, he offered God a better sacrifice than Cain did. God was pleased with him and his gift, and even though Abel is now dead, his faith still speaks for him.

아벨이 하나님을 믿었음으로, 가인보다 더 나은 제물을 드렸고 하나님이 그와 그의 제물을 기뻐하고 흠향하셨으니 그가 육체로는 죽었으나 그의 믿음이 그에 대해 지금도 말하느니라.

대부분의 크리스천들은 가인과 같은 종교 생활을 하고 있습니다. 이를 인정하고 하나님께로 회개해야 합니다. 물론 창세전에 이미 하나님에 의해서 생명책에 이름이 기록되지 않은 자들, 흙에서 와서 본향 흙으로 돌아갈 자들은 결코 회개하지 않을 것입니다. 하나님이 그들을 그렇게 사용하고 있기 때문입니다.

가인은 그리스도 예수에 관한 복음에 귀를 기울이지 않았습니다. 가인은 스스로를 하나님이라고 여기며 자신을 하나님으로 부르고, 섬기며, 자신과 사랑에 빠진 동성애자였습니다. 가인은 스스로 선악의 차이를 안다고 확신했기 때문에 그리스도 예수에 관한 복음을 생명으로 듣지 못하고 선악의 율법으로 들으며 이 땅에서 잘 먹고 잘 살겠다고 열심히 땅을 경작했습니다.

가인이 땅을 경작해서 얻은 소산은 쥐엄 열매였는데 돼지들이 먹는 양식이었습니다. 쥐엄 열매는 선악의 율법을 행함으로 얻는 땅의 소산입니다.

쥐엄 열매는 선악의 율법이라는 세상 왕이 주는 품삯인데 땅에 속한 품꾼들에게 주어지고, 각자가 얼마나 열심히 율법을 행하는지, 얼마나 세상 풍조나 세상사는 지혜나 삶의 적용 지침 등을 잘 지켜서 땅을 경작하는지에 따라서 차등적으로 주어집니다. 안타깝게도 오늘날 대부분의 크리스천들은 가인이 하나님께 드렸던 쥐엄 열매를 십일조로 드리면서 자신의 믿음이라고 주장합니다. 게다가, 세상 왕이 준 쥐엄 열매를 하나님께 십일조로 드리면서 더 많은 쥐엄 열매를 얻을 수 있도록 복을 달라고까지 합니다.

　오늘 히브리서 기자는 말합니다. 하나님께서 아벨이 드린 제물을 가인의 것보다 더 나은 제물로 여기시고 기뻐 흠향한 이유는 아벨의 믿음이라고 합니다. 정리하자면, 우리가 앞에서 계속 나누었던 것과 같이 아벨은 하나님을 믿었고 가인은 하나님을 믿지 않았다는 것입니다. 그러면 아벨은 하나님을 믿고 가인은 하나님을 믿지 않았다는 것을 어떻게 구분할 수 있을까요? 바로 드린 제물이 무엇인가입니다.

　아벨은 어떤 제물을 드렸나요? 어린 양의 첫 새끼를 아벨은 하나님께 드렸고, 하나님은 아벨이 드린 제물로서 아벨의 믿음을 간음하셨습니다. 여러분도 아시겠지만, 처음 난 것은 바로 하나님의 것인데, 이것은 하나님이 유일하게 기뻐 받으시는 온전한 십일조입니다.

　정리해보겠습니다. 하나님이 아벨이 드린 제물을 가인의 것보다 더 나은 제물로 여긴 것은 아벨의 믿음이었다고 했습니다.

　즉, 아벨이 하나님을 믿었기 때문에 그가 드린 제물이 가인의 것보다 나은 제물이었다는 얘깁니다.

　믿음은 무엇일까요? 앞서 언급했지만 누군가를 믿으려면 믿음의 대상이 누군지를 알아야 합니다. 누군지도 모르는 대상을 입으로 믿는다고 해서 믿는 것도 아니요, 믿어지는 것도 아닙니다. 아벨은 하나님을 믿었습니다. 아벨은 하나님이 누군지를 알았다는 말입니다. 그럼 아벨은 과연 하나님이 누군지 어떻게 알게 되었을까요? 아벨은 아버지 아담으로부터 하나님이신 그리스도 예수에 관한 복음을 들었을 겁니다.

바울의 증언처럼 믿음은 듣는 것에서 나고, 듣는 것은 그리스도 예수의 말씀으로부터 기인합니다. 그리스도 예수에 관한 얘기는 복음인데, 복음은 하나님의 말씀입니다. 하나님을 믿는다는 것은 복음을 듣고, 그리스도 예수가 누군지를 아는 것을 말합니다. 그러므로 아벨은 아담으로부터 복음을 듣고 하나님과 그가 보내신 그리스도 예수를 알았다는 말이 됩니다. 복음을 듣고, 그리스도 예수가 누군지를 알면 믿게 되고, 그러면 여러분은 하나님의 말씀과 그리스도 예수를 가진 자가 됩니다.

그리스도 예수는 사람을 살리는 영이며, 하나님께서 기뻐 받으시는 처음 난 것으로서 하나님께 속한 온전한 십일조입니다. 그러니 내가 복음을 듣고 그리스도가 누군지를 알게 되어 믿으면 우리 역시 생명을 살리는 하나님께 속한 온전한 십일조가 됩니다. 그러면 비로소 나는 하나님이 기뻐 받으시는 산 제물로 드려서 산제사를 드리게 됩니다.

하나님이 아벨과 아벨의 제물을 기뻐 받으시고 흠향하신 이유가 이것입니다. 아벨은 결국 하나님의 진리의 말씀 곧 복음에 의해서 그리스도의 형상으로 재창조된 자신을 영 단번의 십일조 제물로 드린 것입니다. 아벨은 당연히 성도를 지칭합니다. 성도는 하나님께서 당신의 이름을 두기 위해서 유일하게 택한 성전입니다. 성전으로 세워진 아벨은 그 자체로 하나님의 것이었고, 십일조였습니다.

하나님이 누군지를 알고 믿으면, 자신을 죄에서 구원할 수 있는 유일한 길이요 진리는 어린 양 그리스도 예수 외에는 없다는 것을 알게 됩니다. 그래서 아벨은 그리스도 예수의 모형이 되는 어린 양의 첫 새끼를 하나님께 십일조로 드린 것이고, 믿음에서 기인함으로 하나님이 아벨과 아벨의 제물을 기뻐 받으셨습니다.

그럼 가인은 하나님을 믿었을까요? 히브리서 기자의 증언으로 짐작컨대 가인은 당연히 하나님을 믿지 않았고, 누군지도 몰랐습니다. 그럼에도 중언부언하며 하나님께 기도하고, 자신의 육체의 정욕을 채우는 데 하나님을 이용하고자 했습니다. 우리는 이 대목에서 놀라운 사실을 하나 알게 됩니다. 하나님이 누군지도 모르고 믿지도 않지만, 사람은 자신의 정욕을 채우기 위해서 가인처럼 자신의 육체의 정욕을 위해서 하나님께 십일조를 드린다는 것입니다.

지금 한국 교회가 그렇습니다. 자칭 크리스천이라고 하는 대부분의 사람들이 하나님이 누군지 알지 못하고 알려고도 하지 않습니다. 믿으려면 성령을 구하고 찾고 두드리면서 성경을 주야로 상고하고, 그리스도 예수에 관한 이야기에 귀를 기울여야 합니다. 그래야 그리스도 예수가 누군지를 알아서 믿을 수 있습니다. 하지만 지금 한국 교회는 가인처럼 자신이 하나님이 되어 선과 악을 나누고 정의해서 행하면서 썩어져 없어질 육체의 정욕을 쫓고 있습니다. 성경을 땅을 경작해서 쥐엄 열매를 더 많이 얻기 위한 수단으로 활용할 뿐입니다. 그들에게 성경은 세상 풍조, 교훈, 세상사는 지혜 혹은 삶의 적용 지침입니다. 그들은 신명기에서 하나님이 책망하셨듯이 열심히 선악의 율법을 행하면서 자신의 몸을 팔아서 세상 왕으로부터 품삯을 얻고, 하나님께 드리겠다고 서원하고, 가져옵니다. 가인처럼 말입니다.

그러나 하나님은 하나님을 믿지 않는 땅에 속한 자들의 제물을 받지 않습니다. 하나님을 믿는 하늘에 속한 자들은 땅을 경작해서 얻은 땅의 소산을 하나님께 십일조로 드리지 않습니다. 왜냐하면 땅을 경작해서 얻은 땅의 소산은 하나님의 것이 아니며, 하나님께서도 받지 않으심을 그들은 알기 때문입니다.

　이제 한국 교회는 십일조의 본질을 알아야 합니다. 끊임없이 성령을 구하고, 찾고, 두드리며, 성경을 주야로 묵상하며, 성경이 들려주는 그리스도 예수에 관한 이야기에 귀 기울여야 합니다. 양은 목자의 음성을 듣는다고 했고, 목자도 자신의 양을 안다고 했습니다. 목자 되시는 그리스도 예수는 성경을 통해 당신의 양들에게 그리스도 예수에 관한 이야기만을 들려주십니다. 만일 지금 여러분이 성경을 읽고, 세상사는 지혜나 윤리, 교훈 외에는 다른 음성이 들리지 않는다면 여러분은 그리스도의 양이 아님을 아셔야 합니다. 그렇다면 여러분은 늑대이고, 여러분의 목자는 마귀와 사탄입니다.

　하나님을 알고 믿는 성도는 결코 땅의 소산을 하나님의 것이라며 십일조로 드리지 않습니다. 온전한 십일조는 바로 그리스도 예수이기 때문입니다.

한 줌의 흙에서 하나님의 형상을 닮은 '사람'으로의 부활
(하나님 곧 신 혹은 그리스도 예수라는 십일조에 의해서 창조되는 신들, 십일조)

앞서 살펴보았듯이 인간의 출현은 우연이 아닙니다. 인간은 인간이 생각하는 과학적 현상이나 과정에 의해서 창조되고 진화한 것이 아닙니다. 인간은 성인(남자와 여자)으로 창조되었습니다.

역사는 이렇습니다. 조물주 되시는 하나님께서 한 줌의 흙을 취하셔서 토기장이가 토기를 만들듯이 사람을 만들었습니다. 흙으로 지어진 인간 그 자체는 사람이 아니었습니다. 움직이고 말은 하지만 존재는 사람이 아닌 생명이 없는 짐승이나 부정한 물고기 같은 것이었습니다. 우리가 아무리 애완동물과 친숙하게 지내고 심지어 함께 거주한다고 하더라도 그들을 사람이라고 부르지 않고, 사람이라고 부를 수 없습니다. 그들은 육과 혼은 있지만, 영(하나님의 말씀, 아가페 사랑)이 없기 때문입니다. 하나님께서 천지를 창조하시고 생물체를 만드실 때에 사람에게만 영을 호흡(생명)으로 불어넣어 주셨습니다.

부활이란 죽음에서 생명으로 살아나는 것을 의미합니다. 한 줌의 흙으로 만들어진 사람을 여호와 하나님께서 부활시키셨습니다. 온전한 십일조가 되시는 그리스도 예수께서 흙 안으로 침노해 들어가셨을 때 비로소 생명을 가진 '사람'이 되었습니다. 신랑인 그리스도 예수께서 신부로 묘사되는 사람에게 장가 드심으로 생명을 잉태할 수 없었던 사람이 과부와 같은 처지에서 생명을 얻고 부활할 수 있었던 이유입니다.

어른들이 흔히 하는 말이 있습니다. 남자고 여자고 결혼을 해야 사람이 된다고 말입니다. 말은 진리로부터 온 것임을 알 수 있습니다. 한 줌의 흙, 먼지에 불과한 인간이 신랑으로 묘사되는 그리스도 예수, 곧 말씀(르아흐, 호흡, 생명)과 한 몸을 이루고 결혼하여 연합하여 '사람'이 됩니다. 말씀이 덮이지 않은 한 줌의 흙은, 사람이 아닌 죽은 좀비입니다. 그러므로 생명을 얻고 사람이 되기 위해서는 말씀이신 그리스도 예수와 동침(결혼)해야 합니다.

  정리하면 이렇습니다. 하나님이 말씀으로 사람을 지었다는 것은 사람이라는 땅에 말씀이신 그리스도 예수를 숨겨두었음을 의미합니다. 그리고 그 숨겨진 곧 사람 안에 내재된 그리스도로 말미암아 사람도 신 곧 하늘들(heavens, gods)이 되었습니다. 하지만 그 숨겨진 보화 곧 말씀은 빛이신 그리스도 예수 즉 성령에 의해서 밝히 드러나야 비로소 생명의 능력이 되고 흙에 불과했던 존재를 사람(하늘들, 신)으로 창조할 수 있습니다.

  하나님이 흙으로 사람을 창조하되 heavens(하늘들, 신)로 지었다는 의미는 하나님의 말씀을 그 안에 심고, 그 말씀을 그리스도 예수(성령)를 통해서 밝히 드러냄으로 하나님과 같은 존재로 사람을 창조했음을 뜻합니다. 다시 말해, 하나님이 말씀으로 사람을 첫 열매 곧 십일조가 되게 하셨음을 의미합니다. 이 세상에서 잘 먹고 잘 사는 것과 사람의 창조는 아무런 상관이 없습니다.

죄, 인간의 죄
(인간의 원죄적 죄가 무엇인가요?)

죄에 관한 얘기를 하면 누구나 예민해지기 마련입니다. 특히 하나님을 믿지 않는 입장에서는 상당히 듣기 거북한 주제일 것입니다. 하나님을 믿는다는 이유로 전도에 열심을 부리는 사람들이 외치는 말에는 "예수천당, 불신지옥."이라는 흔한 말이 있습니다. 그들은 말합니다.

"당신은 죄인입니다. 그 죄와 허물을 예수님께서 십자가에서 대신 짊어지고 죽으셨습니다. 그러므로 예수님을 믿기만 하면 당신은 심판을 면하고 천국에 가게 됩니다."

하나님을 믿지 않는 불신자 입장에서 들으면 기절초풍할 얘기입니다.

"나는 법을 어긴 적도 없고, 어기지도 않고, 착하게 잘 살고 있는데, 밑도 끝도 없이 죄인이라니. 그게 무슨 소리냐? 남에게 해 끼치지 않고, 착하게 잘 살고 있는데 단지 예수를 믿지 않는다는 이유로 지옥에 간다는 것이 말이 되느냐?"

불신자들은 따집니다. 누군가가 위에서처럼 얼토당토않게 복음이라고 전한다면 그들의 이해와 주장이 맞습니다.

죄가 무엇인지를 알고, 인간이 왜 죄인인지를 깨닫기 위해서는, 인간이 어디서 왔고, 어디로 가게 되는지에 대한 신앙적, 성경적인 이해와 고찰이 따라야 합니다. 그렇지 않고 막무가내로 아담이 죄를 범해서 세상에 죄가 들어왔고, 결과로 모든 인간은 죄인이 되었다는 설명은 너무도 빈약하고 무책임한 겁박입니다.

그도 그럴 것이 나와는 아무런 상관도 없고, 만나본 적도 없는 사람 입장에서는 있었는지, 없었는지도 모르는 아담 때문에, 내가 죄인이라는 설명은 도저히 납득이 되지 않고, 용납도 되지 않습니다. 그러면 과연 죄가 무엇이고, 왜 인간은 예외 없이 모두 죄인이라는 이야기가 나왔을까요? 이것을 이해하기 위해서는 창 2:16~17을 우선 살펴보아야 합니다.

앞서 말했듯 여호와 하나님께서는 한 줌의 흙으로 사람을 만들었습니다. 그리고 사람에게 호흡을 불어넣으셔서 생명도 주셨습니다. 하나님의 말씀에 의해서 태어난 사람은 선악이라는 이분법적 패러다임의 율법에 속하지 않았기 때문에 에덴 동쪽 지옥에 살지 않습니다. 그것이 아담이 에덴에서 거주하게 된 이유입니다. 여호와 하나님께서는 사람을 하나님 나라인 에덴에 두시고, 일하지 않고도 품삯을 누리는 은혜와 복을 주시고, 에덴의 정원을 돌보며 각종 나무의 열매도 마음껏 양식으로 먹게 하셨습니다.

본래는 노력을 하고, 열심히 일해야 그에 상응하는 품삯을 얻을 수 있습니다. 하지만 하나님께서는 당신의 백성들을 일방적인 은혜와 사랑으로 섬기십니다. 하나님 나라에 속한 사람들은 일하지 않고도 양식을 품삯으로 값없이 얻습니다. 값없이 주시는 양식이 하나님께 속하는, 하나님 나라의 가치이기도 합니다. 하나님께서는 아담에게 하늘의 생명을 주시고, 값없이 양식이 공급되는 에덴에 두셨습니다. 양식은 하나님의 입으로부터 나오는 말씀입니다. 그런데 생명을 유지하는 데 필요한 말씀을 선악의 율법으로 잘못 알아듣고 스스로 하나님이 되어 자신의 행위를 통해서 생명을 공급하겠다며, 하나님의 말씀을 자기 멋대로 선악의 율법으로 구별하여 행해서는 안 된다고 하십니다.

하나님께서는 "에덴 각종 나무의 열매는 모두 먹되, 선악의 차이를 알게 하는 권능을 가진 열매는 먹어서는 안 된다. 네가 그것을 먹으면 정녕 죽으리라."라고 말씀하셨습니다. 이 구절에서 우리는 인간의 죄가 무엇인지, 인간의 원죄적 속성이 무엇인지 짐작할 수 있습니다. 인간에게 에덴 정원의 각종 나무가 양식의 근원으로 값없이 주어졌습니다. 나무의 열매를 사람은 아무런 조건이나 대가 없이 취할 수 있었습니다.

하지만 선악의 차이를 알게 하는 권능을 가진 나무의 열매는 먹는 것이 허락되지 않았습니다. 만일 그것을 먹으면 하나님과 우리의 혼인 관계가 단절되고 생명을 잃게 될 것이라고 하셨습니다. 그러면 아무리 마시고 먹어도 목마름과 배고픔이 채워지지 않는 영원한 죽음에 이르게 될 것이라고 하셨습니다.

인간의 죄가 바로 이것입니다. 하나님을 믿든지, 믿지 않든지, 사람들은 스스로 무엇이 선이고 무엇이 악인지를 안다고 여깁니다. 스스로 선악의 차이를 분별할 수 있다고 확신합니다. 그런데 하나님께서는 만일 네가 선악의 차이를 알게 하는 권능을 가진 나무의 열매를 먹으면 영원한 죽음에 이르게 될 것이라고 하셨습니다. 그러므로 하나님 앞에서 인간이 받게 될 심판의 근거는 스스로 무엇이 선이고 무엇이 악인지를 분별해서 열심히 행동하면 지킬 수 있다고 여기는 것입니다. 성경을 통해 여호와 하나님께서 아담에게 말씀하셨습니다.

"너는 에덴 정원에 있는 모든 나무의 열매를 먹어도 되니라. 하지만 선과 악의 차이를 알도록 하는 권능을 가진 나무의 열매는 먹지 말라. 네가 만일 선악을 알게 하는 열매를 먹으면, 너는 날이 저물기 전에 영원한 목마름과 배고픔에 빠지리라."

이 말씀은 인간이 짓게 될 원죄적 죄에 대한 계시입니다. 사람은 한 줌의 흙으로 만들어졌고, 흙은 흑암, 공허, 혼돈, 저주, 죄의 속성을 내재하고 있습니다. 그러므로 흙으로부터 온 사람은 하나님처럼 절대적이며, 온전하고 완전한 선악의 차이를 아는 권능을 가질 수 없습니다.

"너는 결코 선악의 차이를 알지 못하고, 선악의 차이를 아는 권능을 가질 수 없다. 만일 인간이 선악의 차이를 아는 권능을 갖겠다며 스스로 나무가 되어 자신만의 가치로써 열심을 부린다면 돌 감람나무에 불과한 흙으로부터 온 인간이 맺을 수 있는 열매는 거짓 열매, 가짜 열매, 무화과뿐이다."

  이를 아시는 하나님께서는 아담에게 가르치고 계십니다. 인간은 결코 선악의 차이를 알 수 없고, 선악의 차이를 아는 권능도 가질 수 없습니다. 열매를 맺는 것은 나무입니다. 사람은 말씀과 같은 포도나무에 맺힌 열매입니다. 오직 그리스도 예수, 성령(말씀)에 힘입어 열매를 맺어야만 생명이 있는 나무가 될 수 있습니다. 그렇지 않고 선악과나무가 되어 스스로의 노력으로 열매를 맺는다면 거짓의 열매만 얻을 것입니다. 선악의 차이를 아는 순간(실질적으로는 선악의 차이를 아는 것이 아니라, 하나님처럼 선악의 차이를 안다고 여기는 것입니다.) 사람은 영원한 목마름과 배고픔에 빠져서 영원한 죽음에 이르게 됩니다. 그것은 죄의 삯이 되는 인간의 원죄적 욕망입니다.

온전한 십일조 그리스도 예수만이
나를 죄에서 출애굽 할 수 있다!

유월절 어린 양의 피, 온전한 십일조 그리스도 예수

고린도전서 5:7(1 Corinthians 5:7)

7. Get rid of the old yeast! Then you will be like fresh bread made without yeast, and that is what you are. Our Passover lamb is Christ, who has already been sacrificed.

묵은 누룩을 버리라! 그리하면 너희가 누룩이 없는 흠 없고 점 없는 무교병이 되리니 너희를 위해서 우리의 유월절 양 그리스도 예수께서 희생되셨느니라.(온전한 십일조 제물로 드려지셨느니라.)

출애굽 Exodus는 '죽음'을 의미합니다. 죄로 인해서 죽고, 진리에 의해서 해방되는 것을 의미합니다. '진리를 알지니 진리가 너희를 자유하게 하리라.' 하신 예수님의 말씀처럼 그리스도 예수로 말미암아 '이집트'라는 죽은 자들의 세상에서 건져져 새 생명과 영생을 얻고 부활하는 모습이 출애굽입니다.

이집트는 선악의 율법에 매여서, 육체의 정욕을 따라서, 죄를 행하고, 삯으로 생명을 잃고 죽은 자들이 살고 있는 바다입니다. 곳에는 부정한 물고기들이 살고 있는데 그들은 창세전에 이미 하나님의 예정과 작정을 통해서 말씀이라는 그물에 의해서 반드시 건져져야 하는 물고기(fish, 반드시 건져져야 하는 사람.)입니다.

창세기 1장에서 하나님이 사람을 창조한 후에 하신 말씀 "생육하고 번성하라. 바다의 물고기와 공중의 새를 다스리라."와 연관이 있습니다.

Exodus는 또 'Ecclesia'(에클레시아)와도 어원적으로 연결이 되는데 '밖으로 불러 모으다.'는 뜻으로, 죄악 세상에서 불러 모아진 성별된(어린 양의 피로 하나님이 할례를 행하셔서 정결하게 한 온전한 십일조) 자들의 모임, 그리스도 예수를 구주로 고백하는 성도의 모임을 의미합니다. 그런데 출애굽의 대상은 사람이 선택하고 지원하는 것이 아니라, 하나님의 일방적인 은혜로 선택되고 행해집니다.

에베소서 1:22~23(Ephesians 1:22~23)

22. God has put all things under the power of Christ, and for the good of the church he has made him the head of everything.

하나님이 만물을 그리스도 예수의 권능으로 통치하게 하시고 그를 만물의 머리로 삼으셨으니 이는 그가 교회의 머리가 되심이라.

23. The church is Christ's body and is filled with Christ who completely fills everything.

교회는 그리스도의 몸이니 교회는 만물을 충만하게 하시는 그리스도로 충만하니라.

출애굽은 교회의 머리가 되는 온전한 십일조, 어린 양 그리스도 예수에 의해서 성별된 자들이 그로 말미암아 죄에서 건져져서 해방되고 새 생명을 얻는 구원의 여정입니다. 출애굽을 위해서는 흠 없고 점 없는 존재로 성별되어야 합니다. 이를 위해서 사람이 해야 하거나 할 수 있는 것은 아무것도 없습니다. 가령, 선악의 율법을 행위로서 잘 지켜야 하거나, 스스로를 변화시켜야 하거나, 착하게 살아야 하거나 등 여타의 조건이 붙지 않습니다. 오직 하나님의 일방적인 선택과 은혜로 출애굽의 주인공이 될 수 있습니다. 그리고 출애굽의 대상자로 선택이 되면 반드시 어린 양 그리스도 예수의 피로 할례를 받고 성별되어야 합니다. 왜냐하면 그들도 이제까지 선악의 율법에 매여서, 자신은 무엇이 선이고 무엇이 악인지 차이를 안다고 여기며 자기 보기에 옳은 대로 멋대로 소견대로 선과 악을 나누고 죄를 행했기 때문입니다.

죄로부터 건져지기 위해서는 반드시 죗값을 지불하고 탕감 받아야 합니다. 그러려면 자신의 육체를 제물로 바치는 것 외에는 방법이 없습니다. 하지만 하나님의 택함을 입으면, 하나님이 당신을 위해서 미리 준비하신 제물, 그들을 대표하는(십일조) 가장 좋은 것으로 흠 없고 점 없는 온전한 영 단번의 십일조 제물을 직접 드립니다.

출애굽의 주인공으로 하나님의 선택을 받은 이스라엘 백성들은 성도 혹은 교회의 모형입니다. 생물적 혈통에 의한 구분이 아닙니다. 생물학적으로 유대인이든, 이방인이든 전혀 상관이 없습니다. 하나님은 외모를 취하지 않으시고 마음의 중심을 보시는 분이므로 자신의 죄를 대표하여(십일조) 어린 양 그리스도 예수께서 영 단번의 십일조 제물로 드려지셨음을 믿는 자는 누구나 죄로부터 구원하십니다.

출애굽은 무덤 죽은 자들의 처소, 지옥으로부터의 탈출을 의미합니다. 예수님의 사역을 통해서도 그려졌습니다. 예수님이 죽은 나사로의 무덤을 찾아가셔서 죽은 자에게 복음을 전파합니다.

"나사로야 나와라."

이스라엘 백성들은 이제까지 하나님의 말씀이 아닌 사람을 기쁘게 하는 말, 술에 취해서 생명도 잃고, 길을 잃고 헤매고 있었습니다. 그들은 죽은 자들의 처소 지옥, 무덤에 갇혀서 수건으로 눈이 가려져서 자신들이 죄인인 줄 모르고 죄의 종노릇을 하고 있었습니다. 하나님이 미쁘게 여기셔서 그들을 대표하는 영 단번의 온전한 십일조 제물 어린 양을 직접 준비하셔서 살려내셨습니다. 세상 말에 더렵혀졌던 그들은 이제 그들을 대표하는 온전한 십일조 제물 어린 양의 피로 인하여 성별된 무교병이 되었습니다.

출애굽기 12:5, 7, 12~13(Exodus 12:5, 7, 12~13)

5. Choose either a sheep or a goat, but it must be a one-year-old male that has nothing wrong with it.
양이나 염소를 취하되 흠 없고 점 없는 일 년 된 수컷으로 하라.

7. Some of the blood must be put on the two door posts and above the door of each house where the animals are to be eaten.
그 피를 고기를 먹을 집의 좌우 문설주와 문간에 바르고

12. That same night I will pass through Egypt and kill the first-born son in every family and the first-born male of all animals. I am the LORD, and I will punish the gods of Egypt.
그 밤에 내가 이집트 땅에 두루 다니며 사람이나 짐승이나 모든 처음 난 것(무리를 대표하는 가장 좋은 것, 십일조)을 다 치리라. 또 나는 여호와라 이집트의 모든 우상을 심판하리라.

13. The blood on the houses will show me where you live, and when I see the blood, I will pass over you. Then

you won't be bothered by the terrible disasters I will bring on Egypt.

문설주(십자가, 완성)에 어린 양의 피가 발려진 집을 내가 보고 너희 인줄 알 것이니 내가 이집트 온 땅에 내릴 재앙이 너희를 넘어가리라.

온전한 십일조는 가인처럼 땅을 경작해서 얻은 소산이 아닙니다. 여러분이 생업 활동으로 얻은 수입의 일정 부분을 구별해서 하나님께 드리는 것은 믿음도 아니고 온전한 십일조도 아니라는 것을 이해하려면 창세기에 그려지고 있는 가인과 아벨이 드린 제물과 더불어 위 출애굽기 12장에서 다루고 있는 유월절의 의미를 알아야 합니다. 사람의 생각으로는 풀리지 않습니다. 성령을 구하고 찾고 두드리시기 바랍니다.

하나님은 모세를 통해서 이스라엘 백성들에게 어린 양이나 염소를 취해서 피를 각 가정의 문설주에 바르라고 명하십니다. 이제 본격적인 출애굽이 시작되고 있습니다. 하나님이 취하라고 하신 어린 양이나 염소는 당연히 온 이스라엘 백성의 죗값을 대표해서 은 30전에 팔린 그리스도 예수를 의미합니다. 어린 양 그리스도 예수는 이스라엘 백성을 대표해서 온전한 십일조 제물로 드려지실 겁니다. 이 제물은 사람이 준비할 수 있는 것이 아닙니다. 온전한 영 단번의 십일조 제물은 오직 하나님이 당신을 위해서 직접 준비하십니다. 이스라엘 백성들은 유월절 사건을 통해서 스스로 죄의 문제를 해결할 수 없다는 것을 배워야 하고, 인간을 구원할 수 있는 제물은 오직 온전한 십일조 외에는 없다는 것을 깨달아야 합니다.

하나님은 유월절 사건을 통해서 이스라엘 백성들에게 보이시고 알려주시려 했던 것입니다. 사람을 포함한 온 만물이 죗값을 치르기 위해서는 반드시 제물을 하나님께 드려야 합니다. 제물은 각 만물을 대표할 수 있는 흠 없고 점 없는 것이어야 합니다. 하나님은 이것을 이스라엘 백성들에게 가르쳐주기 위해서 이집트 온 땅의 사람이나 짐승의 처음 난 것을 멸하셨습니다. 어린 양의 피를 바른 문설주는 그리스도 예수께서 매달리게 될 나무 십자가를 의미합니다. 출애굽 후에 광야에서 나무에 매달렸던 놋 뱀 역시 온전한 십일조 그리스도 예수의 모형입니다.

사람은 누구나 죄에 매여 있습니다. 죄는 사람이 인지하는 선과 악의 율법 중에서 악을 행하는 것을 말하는 것이 아닙니다. 죄는 한마디로 하나님을 믿지 않음으로 하나님과 단절된 관계를 의미합니다. 그런데 사람은 단 한 명의 예외 없이 자신은 하나님이라고 확신하며, 자신은 무엇이 선이고 무엇이 악인지 차이를 구별할 줄 안다고 여깁니다. 그리고 자신이 보기에 옳은 대로 멋대로 소견대로 선과 악을 나누고 정의해서 행하면서 자신의 의로 삼습니다. 이것이 사람의 죄입니다.

죄의 상태에서 벗어나서 다시 생명을 얻으려면 죗값을 치러야 합니다. 하지만 사람은 스스로 죗값을 지불할 수 없습니다. 다만 한 가지 길이 있습니다. 바로 사람을 대표해서(십일조) 죗값을 보증서고 해방시킬 수 있는 영 단번의 십일조 제물 어린 양 그리스도 예수입니다.

사람은 결코 스스로 온전한 십일조 제물이 될 수 없습니다. 십일조 제물은 하나님이 당신을 위해서 직접 준비하십니다. 하나님은 유월절 사건을 통해서 이스라엘 백성들에게 온전한 십일조 그리스도 예수를 통한 구원을 보이셨습니다.

원죄, 사망에서 벗어나는 길라잡이, 하나님이 들려주시는
그리스도 예수에 관한 얘기.

Christ brings spiritual blessings
찬송하라 하나님과 우리 주 그리스도 예수의 아버지를.

그리스도 예수께서 우리에게 신령한 복으로
온전한 십일조 그리스도 예수를 주셨음이라.

(Spiritual은 호흡과 연관된, 말씀과 연관된 것을
blessings은 말씀에 의해서 불어넣어진
생명(호흡)을 의미합니다.)

출애굽 후에 하나님이 이스라엘 백성에게 명하신 십일조의 본질

처음 난 처음 것 하나님의 것
(이스라엘의 장자, 온전한 십일조 그리스도 예수)

요한복음 5:39(John 5:39)

39. You search the Scriptures, because you think you will find eternal life in them. The Scriptures tell about me.

너희가 영생을 얻는 줄 알고 성경을 연구하거니와 이 성경은 나에 관하여 증언하느니라.

다시 한번 말씀드리지만, 성경은 반드시 의무적으로 행해야 하는 것들을 기록한 율법서나, 교훈서 혹은 하나님의 명령 지침서가 아닙니다. 성경은 오직 유월절 문설주 십자가에 매달리신 어린 양 그리스도 예수, 온전한 십일조 그리스도 예수에 관해서만 증언합니다. 그러므로 생업 활동을 통해서 얻은 수입의 일정 부분을 구별해서 하나님께 드리는 것이 신앙이고 하나님을 인정하는 것이라고 가르치고 배워서 행하는 것은 하나님을 모독하는 가인의 죄임을 깨닫기 바랍니다.

출애굽기 13:12, 15(Exodus 13:12, 15)

12. From then on, you must give him every first-born son from your families and every first-born male from your animals, because these belong to him.

그때부터 너희는 사람이나 짐승이나 처음 난 것의 장자와 수컷은 모두 여호와께 드리라. 처음 난 것은 여호와의 것이니라.

15. The king stubbornly refused to set us free, so the LORD killed the first-born male of every animal and the first-born son of every Egyptian family. This is why we sacrifice to the LORD every first-born male of every animal and save every first-born son.

이집트 왕 바로가 완악하여 우리를 보내지 아니하매 여호와께서 이집트 땅 가운데 짐승이나 사람이나 처음 난 것은 다 죽이셨으므로 우리가 처음 난 수컷들을 여호와께 십일조 제물로 드려 장자 곧 우리를 구원하리라.

앞서도 언급했지만, 유월절 사건은 하나님이 이스라엘 백성에게 주시는 메시지입니다. 이것은 그리스도 예수에 관한 복음이기도 합니다. 유월절 어린 양을 대표해서 문설주 십자가에 매달린 온전한 십일조 그리스도 예수로부터 시작해서 출애굽기와 신명기를 중심으로 십일조가 등장합니다.

소득의 십분의 일을 구별해서 하나님께 그 소산을 드리라는 의미가 아니었습니다. 죽어 마땅한 너희가 어떻게 머리털 하나 상하지 않고 이집트를 탈출할 수 있었는지, 너희가 누구로 인하여 이집트를 무사히 탈출할 수 있었는지를 알라고 십일조 제도를 준 것입니다. 그러나 구약의 이스라엘 백성들은 진짜로 소득의 십분의 일을 하나님께 드리며 하나님의 말씀을 도둑질하는 성령 훼방 죄를 범했습니다.

유월절 밤에 문설주 십자가에는 어린 양이 매달렸는데 이 어린 양은 배

속에서 처음 태어난 장자였습니다. 처음 난 것은 하나님의 것으로 구별되는데 하나님이 당신의 백성을 흠 없고 점 없는 존재로 성별하기 위해서 할례를 할 때 드리는 온전한 십일조 제물, 어린 양을 의미합니다. 어린 양은 그리스도 예수의 모형입니다.

하나님은 이스라엘 백성들에게 그리스도 예수를 통한 구원을 확증하고 가르치기 위해서 사람이나, 짐승이나, 이집트 온 땅의 처음 난 것을 죽이고, 이스라엘 백성들에게도 처음 난 어린 양을 취해서 문설주(십자가)에 바르라고 하셨습니다. 온전한 십일조에 대한 이해를 시키기 위해 하나님은 출애굽 후에 이스라엘 백성들에게 사람이나 짐승이나 처음 난 것은 당신 것이니 당신에게 드리라고 한 것입니다.

온전한 십일조 그리스도 예수의 모형으로 그려지는 레위지파
(하나님의 것 온전한 십일조의 본질, 하나님의 메시지)

민수기 3:11~13(Numbers 3:11~13)

11-13. Moses, I have chosen these Levites from all Israel, and they will belong to me in a special way. When I killed the first-born sons of the Egyptians, I decided that the first-born sons in every Israelite family and the first-born males of their flocks and herds would be mine. But now I accept these Levites in place of the first-born sons of the Israelites.

여호와께서 모세에게 말씀하여 이르시되, 보라 내가 이스라엘 자손 중에 레위인을 택하였은즉 그들은 내 것이라. 내가 이집트 땅에서 모든 장자를 죽일 때, 사람이나 짐승이나 이스라엘의 모든 장자는 내 것으로 구별하였은즉 이제 레위인이 이스라엘의 모든 장자를 대신하여 내 것이 될 것이라.

문자적, 율법적 십일조의 시작은 레위지파입니다. 하나님의 관심사는 당신이 직접 예비하신 온전한 십일조 제물 그리스도 예수에 의한 구원이며, 이스라엘 백성들이 이를 알기를 바라셨습니다. 이스라엘 백성을 향한 사랑의 마음으로 이스라엘 백성들에게 적용시켜 유월절 사건을 각인시킵니다.

이스라엘 백성들을 이집트에서 구원해낼 영 단번의 제물, 죗값을 탕감 받기 위해서 반드시 있어야 하는 영 단번의 온전한 십일조 제물, 제물은 바로 어린 양 그리스도 예수였습니다. 이스라엘 백성들처럼 자신들을 대표해서 빚보증을 서줄 존재가 없는 성문 밖 사람들은 스스로가 죗값을 치러야 함을 가르치기 위해서 이집트 온 땅의 장자를 사람과 짐승을 가리지 않고 모두 죽였습니다.

　이스라엘 열두 지파를 대표해서 문설주 십자가에 매달린 어린 양. 어린 양은 바로 그리스도 예수였습니다. 그리스도 예수는 온 이스라엘을 대표해서 그들의 죗값을 빚 보증서를 줄 수 있는 유일한 분이셨습니다. 그가 바로 영 단번의 온전한 십일조 제물이셨습니다. 이와 마찬가지로, 이스라엘 열두 지파 중에서 한 지파를 하나님이 택하셨으니 레위인을 마치 장자와 같은 그리스도 예수처럼 설명하는 것으로, 이스라엘 백성들에게 온전한 십일조 그리스도 예수를 가르치기 위해서였습니다. 레위지파는 처음 난 것으로서의 십일조로 하나님께 드려졌던 것입니다.

　온전한 십일조는 생업 활동으로 얻은 수입의 일정 부분을 하나님께 드리는 것이 아닙니다. 온전한 십일조는 나를 죄로부터 건져내어 새 생명을 주시고 영생으로 이끈 그리스도 예수를 뜻합니다. 사람은 율법의 행위로 절대 완전해질 수 없습니다. 율법의 행위를 통해서 하나님을 기쁘시게 해드릴 수 없고, 스스로를 정결하게 만들 수 없습니다. 사람은 자신을 흠 없고 점 없는 존재로 변화시킬 수 없습니다. 그것이 사람이 영원한 죽음에 갇혀야 하는 이유입니다.

　오직 하나님의 은혜로 말미암아, 하나님이 나를 대표하는 흠 없고 점 없는 온전한 영 단번의 제물을 준비하셨고, 하나님이 직접 준비하신 온전한 십일조 제물이 드려짐으로 비로소 죄에서 건져지고, 흠 없고 점 없는 십일조 제물로 성별될 수 있었습니다.

예수님은 2천 년 전에 오셨을까요?

그렇다면 구약의 이스라엘 백성들은 구원받지 못했을까요? 믿지 않는 사람들이 궁금해 하듯 고려시대나 조선시대에 살던 조상들은 단 한 사람도 구원받지 못했을까요? 천지는 하나님에 의해서 지어졌습니다. 그리고 여호와 하나님께서는 한 줌의 흙으로 사람을 지으시고 사람에게 호흡(생명, 말씀)을 불어넣어주셨습니다. 한 줌의 흙으로 지어진 사람에게 호흡을 불어넣어 주신 분이 누구입니까? 성경은 그분을 God이라고 칭합니다. 그분은 여호와 하나님이십니다.

요한복음 1장을 잠깐 살펴보겠습니다. 태초에 말씀이라고 불리는 존재가 계셨다고 성경은 증언합니다. 성경 말씀은 여호와 하나님과 함께하셨고 진정한(정확하게) 하나님이셨다고 말합니다. 태초부터 말씀은 하나님과 함께하셨습니다. 말씀과 더불어 여호와 하나님께서 만물을 창조했다고 합니다. 말씀이 없이는 아무것도 지어지지 않았다고 성경은 증언합니다.

만물은 말씀으로부터 생명을 받았고 그의 생명(말씀)은 모든 사람들에게 빛을 주셨다고 합니다. 여호와 하나님께서는 말씀으로 세상을 창조했지만, 누구도 그(말씀)를 알지 못했다고 합니다. 말씀은 태초부터 세상에 있으셨다고 합니다. 그리고 말씀이 사람이 되셨습니다. 예수(성전)께서 말씀하십니다.

요한복음 6:63(John 6:63)

63. The Spirit is the one who gives life! Human strength can do nothing. The words that I have spoken to you are from that life-giving Spirit.

영은 생명을 주는 인자니라. 하지만 사람이 선악의 말로서 행하는 행위는 생명을 주지 못하니라. 내가 너희에게 이른 말은 생명을 주는 영 곧 하나님의 말씀인 성령으로부터 오느니라.

다시 말해 예수님은 하나님이시니, 하나님의 입으로부터 나오는 말씀이 영(시내 산에서 하나님께서 주신 계명)이라는 뜻입니다.

요한복음 12:46~47(John 12:46~47)
46. I am the light that has come into the world. No one who has faith in me will stay in the dark.
나는 세상에 온 빛이라 무릇 나를 믿는 자는 어둠에 거하지 않을 것이라.

47. I am not the one who will judge those who refuse to obey my teachings. I came to save the people of this world, not to be their judge.
비록 사람들이 내 말에 귀 기울이지 않을지라도 내가 그들을 심판하지 않으리라. 내가 온 것은 세상 사람들을 구원하려 함이요 그들의 심판자로 온 것이 아니니라.

예수께서는 당신을 빛이라고 말씀하십니다. 예수님은 빛이요 진리요 생명입니다. 그리고 예수께서 전하신 복음(말씀)은 성령(생명)입니다. 예수님은 창세전부터 하나님과 함께 하셨던 말씀이고, 말씀은 여호와 하나님이십니다. 예수님이 하나님이시고 하나님(예수)은 창세전부터 영원부터 영원까지 스스로 존재하는 분으로 계셨습니다. 우리는 요한복음 1장에서 세상을 지으신 이가 말씀(복음)이라는 것을 배웠습니다. 말씀은 만물(사람을 포함)을 지었고, 만물은 그분(말씀)으로부터 생명을 얻었습니다. 그분은 모든 생명에게 빛을 주셨다고 합니다. 그리고 말씀은 태초부터 세상에 있으셨다고 합니다. 그 말씀이 사람이 되셨다고 합니다.

  그런데 요한복음 12:46에서 예수님은 당신은 빛으로 세상에 오셨다고 합니다. 그러면 예수님이 누구라는 것인가요? 예수님은 창세전에 이미 계셨고 태초에 만물을 지으신 말씀입니다. 말씀은 만물을 지으시고 세상에 만물과 함께 계셨다고 합니다.

  로마서 1:20에서 바울은 증언합니다. 하나님의 영적인 힘(능력)과 성품은 사람에 의해서 눈으로 볼 수 없다고 합니다. (불신자나 자칭 크리스천이나 하나님의 모습, 음성이 궁금하니 그가 존재한다면 보이라고 억지를 부립니다.) 그러면서 사람이 그분을 눈으로 볼 수는 없지만 하나님께서는 태초부터 그가 지으신 만물을 통해서 당신의 영적인 힘이 어떤 것인지 당신의 성품(존재유무)이 어떤지를 지금까지 보이시고 있다고 바울은 증언합니다. 그러므로 누구도 하나님을 알지 못한다거나, 복음을 들어본 적이 없다거나 등의 변명을 할 수 없다고 합니다. 왜냐하면 요한복음에서 언급하듯 말씀되시는 여호와 하나님이면서 동시에 그리스도인 예수께서 만물을 창조했고, 스스로 누구인지, 지으신 만물을 통해서 계시하셨고, 세상과 지금까지도 함께하고 계시기 때문입니다.

  여러분! 그리스도 예수는 2천 년 전에만 잠깐 오셨던 것이 아닙니다. 그분이 다시 오시기(재림)를 기다릴 필요도 없습니다. 그분은 창세전부터 스스로 존재하셨고 태초에도 계셨으며 만물을 지으시고 만물과 함께하셨고 지금도 그렇습니다.

  예수가 오시지 않았기 때문에 구약의 이스라엘 백성들은 구원받지 못했다고 생각하십니까? 아담은 그리스도 예수를 만났고 그분으로부터 생명을 얻었습니다. 아담은 그리스도 예수(여호와 하나님)께로부터 복음을 전해 들었습니다. 믿음의 조상이 되는 아담으로부터 시작된 경건한 자의 계보를 이은 말씀(복음)으로 낳아진 후손이 아브라함입니다. 아브라함 역시 여호와 하나님(그리스도 예수)을 만났고 그분으로부터 복음을 전해 들었습니다. 노아도 마찬가지입니다.

구약의 대표적인 믿음의 선진들, 사무엘이나, 다윗이나, 솔로몬이 무엇을 믿었다고 생각하십니까? 그들도 마찬가지로 경건한 자의 계보를 잇는 후손들로서 아브라함 이후로 전해진 복음(말씀)을 전해들은 것이고 복음(그리스도 예수)을 믿었습니다. 그들은 그리스도 예수를 만났고 그분이 누군지를 알았으며 그분이 전해주신 복음을 믿음으로 구원 받았습니다.

복음이 전해지지 않은 구약시대에 구원은 없었다고요?
복음이 전해지지 않았기 때문에 사람들은 잘못이 없다고요?
복음이 전해지지 않았던 고려시대나 조선시대 사람들이 구원받지 못했다면 억울하다고요?
그런 하나님이면 믿지 않겠다고요?
고려시대나 조선시대에 구원받은 사람이 단 한 명도 없을 것이라고 생각하십니까?

위에서 충분히 설명 드렸습니다. 만물(자연)의 이치를 통해서 하나님(그리스도 예수)을 알고 믿은 사람이 있었을 것입니다. 여러분! 성경을 문자로만 사람의 이성과 합리로만 읽고 이해하려고 하면 하나님이 보이지 않습니다. 사람의 어떤 노력이나 열심(이성과 합리)으로 하나님을 증명하거나 이해할 수 없습니다. 성령을 구하고 찾고 두드리시기 바랍니다. 하나님은 사람을 말씀으로 당신과 같은 형상 곧 heavens, 신으로 창조했습니다. 사람 안에 하나님이신 그리스도 예수가 보화로 숨겨져 있기 때문에 그 누구도 하나님을 모른다고 핑계치 못합니다.

성령 받고 방언(Language) 받기

사도행전 2:2~4(Act 2:2~4)

2. Suddenly there was a noise from heaven like the sound of a mighty wind! It filled the house where they were meeting.

갑자기 강한 바람 같은 소리가 하늘로부터 나더니 이것이 그들이 모여 있던 집을 가득 채우더라. (어디서 왔다가 어디로 가는지 모르는 보혜사 성령의 오심.)

3. Then they saw what looked like fiery tongues moving in all directions, and a tongue came and settled on each person there.

그런 후에 그들은 불처럼 보이는 혀가 사방에서 움직이는 것을 보았고, 혀가 그곳에 있던 각 사람 위에 하나씩 임하였더라.

4. The Holy Spirit took control of everyone, and they began speaking whatever languages the Spirit let them speak.

성령이 모든 이들을 통치하고 성령이 그들로 하여금 말하게 하심을 따라 각기 다른 언어들로 말하기를 시작하더라.

이미 배웠듯이 성경이 증언하는 '성령'은 하나님의 입으로부터 나오는 '말씀'입니다. 예수께서도 말씀하셨습니다.

"내 말이 영이니라."

성령은 하나님의 말씀이고, 말씀은 태초에 하나님과 함께 하셨고, 말씀이 하나님이시며, 말씀이 그리스도 예수십니다. 즉, 말씀이 그리스도 예수와 같고 그리스도 예수는 영입니다. 그런데 사도행전 2:2에서 성령이 그리스도 예수의 약속하심을 따라서 땅에 보내심을 입고 오셨음을 증언합니다. 2:3에서 성경은 성령을 '소리'로 표현하고 있습니다. 다시 2:4에서 tongue(언어, 방언)으로 표현되고 있습니다. 우리가 이미 알고 있듯이 하나님의 입으로부터 나오는 말씀이 영(성령)입니다. 그런데 오순절에 성령이 임할 때에 바람과 같이 tongue(언어, 방언)가 사방에서 각 사람 위에 임했다고 증언합니다. 그렇다면 오순절에 임한 성령은 무엇이며 그것이 의미하는 것이 무엇일까요? 오순절에 임한 성령은 사람으로 하여금 이적과 기적을 일으키게 하고 방언을 하게 하는 어떤 특별한 능력이나 하나님 외에 또 다른 존재가 아닙니다.

오순절에 임한 성령은 오랫동안 율법(옛 언약)으로 오해되었던 말씀이 비로소 생명을 살리는 하나님의 능력(은사)으로 새 언약, 창세전에 예정하심과 작정하심을 따라서 택함을 받은 하나님의 백성들에게 값없는 선물로 주어졌습니다. 이는 성령이 그들을 하나님 나라의 백성으로 통치(control)할 것임을 보여주는 예표입니다.

다시 말해, 이제는 사람을 죄와 사망으로 이끄는 행위에 바탕을 두는 율법이라는 옛 계명이 아니라, '선악의 분별'과는 아무런 상관이 없는 '사랑'이라는 새 계명으로, 택함을 받은 하나님의 백성들을 '생명'으로 살리시겠다는 메시지입니다.

오순절 성령 강림 사건은 창세전 예정과 작정하심을 따라서 택함을 받은 하나님 나라의 백성들은, 율법(죄)과는 아무런 상관이 없는 새로운 피조물로 사망과 저주로부터 말씀(성령)에 의해서 건져질 것임을 암시하는 메시지입니다. 택함을 입은 하나님의 백성들은 자신의 의지(율법적 행함에 의한 의)

에 따라서 자신이 가기를 원하는 곳은 어디든지 다니며 왕 노릇하는 것이 아니라, 말씀(성령)에 인도함으로 각자가 가기를 원치 않는 십자가의 도를 따라서 죄(선악적 분별, 사망)와는 아무런 상관이 없는 영생을 누리게 될 것임을 암시하는 사건이 오순절 성령 강림 사건입니다.

정리하면 오순절 성령 강림 사건은 이제 성도는 죄와 사망의 율법을 열심히 행하며 하나님께 대적하는 죄인으로 사는 것이 아니라 말씀(그리스도 예수)에 통치를 받는 하나님 나라의 백성, 그리스도 예수의 종으로 살게 될 것임을 암시하는 메시지입니다. 하나님은 사람을 말씀으로 창조해서 만물이 되게 하셨습니다. 그리고 사람 안에 진리의 말씀을 숨겨두셨습니다.

다시 말해, 사람을 말씀으로 창조하되 하늘과 땅 곧 만물로서 지으셨습니다. 하지만 사람이라는 땅 안에 감춰진 보화는 성령의 도움이 없이는 밝히 드러나지 못하고, 그러면 사람은 영원히 죽은 흙으로 살아가야 합니다. 오순절 성령 강림과 방언의 임함은 그리스도 예수이신 성령이 창조의 예정과 작정에 따라서 이제 사람 안에 감춰진 보화 곧 하나님의 말씀을 밝히 드러내어 새 하늘과 새 땅으로 세우는 재창조입니다.

성령 받으면 이적과 기적을 행하고
병 고치고 알아듣지 못하는 이상한 말을 하는 게 아닙니다.
그것은 마귀, 사탄의 역사입니다.

성령 받으면 나에게
하나님의 입으로부터 나오는 말씀이 임하게 되고
내가 그것을 마음 판에 새기게 됨으로 복음이 믿어지고
하나님의 말씀을 말하게 됩니다.

그리고 말씀(성령)이 나를 통치하며
나를 좁은 길, 십자가의 도로 인도합니다.
랄랄라 따따따는 방언이 아니라 마귀, 사탄의 말입니다.
성령은 하나님의 입으로부터 나오는 말씀(언어, tongue)입니다.

성경대로 말씀에 순종하며 산다는 것의 의미!

여러분은 성경을 문자로만 읽고 그것을 행위로서 지켜야 하는 율법으로 곡해하여 열심히 최선을 다해 단 하나도 어기지 않고 모두 지킬 수 있다고 생각하나요? 613개의 율법 조항과 세부 시행 조항을 포함하면 3,000개 이상이 되는 율법을, 단 하나도 어기지 않고 행위로서 지킬 수 있는 사람은 단 한 명도 없습니다. 바리새인들이 그랬던 것처럼 사람이 선악으로 구별하여 기준을 정해두고 몇 가지를 열심히 행하는 것이 율법을 온전히 지키는 것이 아닙니다.

많은 자칭 크리스천이라는 사람들은 뜻과 의미도 정확히 모르면서 성경대로 말씀에 순종해야 한다는 사역자들의 말에 '아멘'을 외치면서 열성을 부립니다. 그들에게는 몇 가지만을 선별하여 지키면 그것이 성경대로 사는 것이고 순종하는 삶이라고 여겨지나 봅니다. 그리고 그렇게 열심히 자기 입장에서 선악으로 구별하여 열심히 지키고 행하면, 하나님께로부터 그에 합당한 품삯(잘 먹고 잘 살고 부귀영화를 누리고 탄탄대로의 인생을 누리는 것)을 받을 수 있다고 확신합니다. 그것이 신앙이라고 여깁니다. 그것이 믿음이라고 여깁니다. 그리고 그들의 그런 몇 가지 율법에 대한 선별적 열심이 자신들을 구원할 수 있다고 확신합니다. 그래서 열심히 새벽기도 드리고, 헌신적으로 봉사하고, 주일 성수하고, 입을 것과 먹을 것을 아껴 가며 헌금하고, 건축 헌금에, 십일조까지 하고, 심지어 선불로 빚내서 십일조를 합니다. 목사를 하나님처럼 섬기고, 가식과 위선으로 착한 척, 거룩한 척으로 주님을 외칩니다. 영생은 사람의 어떤 율법적, 종교적, 윤리적, 도덕적인 노력이나 열심, 땀과 노력의 대가로서 얻을 수 있는 품삯이 아닙니다. 사람의 어떤 것도 영원히 죽지 않는 생명을 얻는 데 기여하지 못합니다.

오직 일방적인 하나님의 작정과 계획, 택하심에 의한 선하신 행함, 하나님의 은혜만이 사람에게 영생을 값없는 선물로 줄 수 있습니다. 그런데 많은 사람들이 하나님의 뜻대로, 성경대로 산다는 것의 의미를 오해하여 율법적, 종교적, 도덕적으로 온전히 행할 수 없음에도 열심히 지키고 행하겠다고 난리를 칩니다. 그것이 신앙이고 믿음이라고 우깁니다.

성경대로 말씀에 순종하고 하나님께 순종하는 삶을 사는 것은, 하나님을 믿는 자들의 당연한 의무라고 주장합니다. 순종의 의미도 모르고, 단 하나도 어기지 않고 온전히 율법을 지키지도 못하면서 말입니다. 몇 가지를 선별하여 열심히 지키면 그것이 온전한 순종이라고 확신합니다. 그렇게 자신들의 행위로 자신들도 구원에 기여할 수 있다고 확신합니다.

사람은 단 한 사람도 예외 없이 선할 수 없습니다. 더욱이 어떤 노력이나 열심으로도 선한 존재로 변화될 수 없습니다. 그것이 가능하다면 죄인이자 병자가 되는 사람을 구원하시려고 그리스도 예수께서 굳이 육신으로 오실 이유가 없었습니다.

노아 시대 하나님께서 사람들을 심판할 때에 말씀하셨습니다. 그들이 마음에 뜻하고 계획하는 것이 악하다고 말입니다. 하나님은 사람의 행위를 보고 악하다 선하다 하지 않으십니다. 마음에 중심을 보시는 것입니다. 즉, 마음에 선악을 분별할 줄 아는 지혜가 있다고 여기는 사악함이 있는지, 아니면 나는 죽어 마땅한 죄인이고 할 수 있는 것이 아무것도 없고, 내 스스로 나를 구원할 수 없음으로 하나님의 전적인 도움이 필요한 존재라는 고백이 있는지 그것으로 판단합니다.

자신이 하나님처럼 선악을 분별할 줄 아는 지혜가 있다고 확신하는 사악한 마음은 결코 사람 스스로 바꿀 수 없습니다. 추악한 마음에 정결하시고 거룩하시며 신성하신 하나님의 영, 그리스도 예수의 영, 성령, 말씀이 침노해 들어오셔서 한 알의 밀알로 생명의 씨앗으로서 내 안에 내주하심으로 나의 속사람이 변화됩니다. 다시 말해 그리스도 예수 되시는 성령이 내 안에 오셔야 그분으로 말미암아 나도 거룩함을 입을 수 있습니다.

　나의 율법적, 도덕적, 윤리적, 종교적 열심이 나의 속사람을 거룩한 새 사람으로 바꾸는 것이 아닙니다. 순종은 하나님의 말씀을 율법으로 오해하여 그것을 지키겠다고 유난을 떠는 것이 아닙니다. 하나님은 그것을 오히려 사악한 죄라고 하십니다. 순종은 '잘 듣는 것'입니다. 예수께서 말 못하는 자를 데려다가 침(성령, 진리의 말씀)을 그의 혀에 바르시니 귀가 열렸습니다.

　'에바다: 열려라!'

　순종은 하나님의 말씀을 '방언'으로 잘못 알아듣고 중언부언하며 열심히 행하는 것이 아닙니다. 순종은 listen to(귀 기울여서 잘 듣는 것)입니다. 내가 하나님처럼 선악을 분별하는 지혜가 있다고 확신하며, 성경을 내 입장에서 내 멋대로 선악의 율법으로 잘 못 알아듣고 말하면, 그것이 곧 '술'이고 '알아듣지 못하는 방언'이 되는 것입니다.

　순종은 하나님의 말씀에 귀 기울여서 선악의 율법이 아닌 '사랑, 생명, 진리'로 알아듣고 믿어서 마음 판에 새기는 것입니다. 내가 알아들은 하나님의 말씀을 예전의 나와 같은 처지에 있는 병자(죄인)에게 흘려보내 주고 전하고 가르쳐 주는 것이 순종입니다. 그것이 하나님의 일이고, 선한 일이며 그것이 이웃 사랑이고 행함이 있는 믿음입니다. 하나님의 말씀에 순종하려면 막혀 있는 귀가 열려야 합니다.

　'에바다'

　성경을 중언부언하는 못 알아듣는 율법을 방언으로 말하고, 지킬 수 있다고 확신하여 열심히 행하면 그것이 사악한 죄이고 성령 훼방입니다. 성령을 구하고 찾고 두드리십시오. 그래서 성령을 얻고 귀가 열려야 합니다. 거룩하신 그리스도 예수와 같은 성령이 내 안으로 침노해 들어오셔야 나도 거룩하게 됩니다.

하나님을 믿지 않는 자들이 드리는 가인의 십일조

고린도후서 3:14~17(2 Corinthians 3:14~17)

14. The people were stubborn, and something still keeps them from seeing the truth when the Law is read. Only Christ can take away the covering that keeps them from seeing.

그들의 마음이 완악하여 구약을 읽을 때에 눈이 가려져 여전히 진리를 이해하지 못하니 오직 그리스도 예수만이 그들의 눈을 가리고 있는 수건을 벗기리라.

15. When the Law of Moses is read, they have their minds covered over

그들이 모세의 글(구약, 율법)을 읽을 때, 그들이 마음을 수건으로 가리니

16. with a covering that is removed only for those who turn to the Lord.

그 진의를 읽을 수 없으나 주께로 돌아가는 자는 수건이 벗겨지리라.

17. The Lord and the Spirit are one and the same, and the Lord's Spirit sets us free.

주와 영은 하나요 동일하니 여호와의 영으로 인하여 우리가 자유를 누리리라.

생업 활동을 통해서 얻은 소산, 가인처럼 선악의 율법에 매여서 세상 풍조 혹은 삶의 적용 지침을 따르며, 땅의 가치를 추구해서 얻은 쥐엄 열매를 하나님께서 주신 것이라고 스스로 확신해서, 그 일부분을 십일조 명목으로 하나님께 드리는 사람들이 이렇습니다.

그들은 바울의 말처럼 하나님을 믿지 않는 자들 가운데서 역사하는 악령 선악의 율법이라는 세상 풍조나 삶의 적용 지침 혹은 사람을 기쁘게 하는 말, 술에 취해 있습니다. 마음이 완악하여 성경은 그리스도 예수에 관하여 증언한다는 성경(요 5:39)조차도 믿지 않습니다. 하나님이신 예수님도 믿지 않습니다. 눈이 수건으로 가려져 있어서 성경을 읽어도 보이지 않고 들어도 성령이 들려주는 그리스도 예수에 관한 이야기를 듣지 못합니다. 오직 듣고 싶은 말만 듣고, 듣기 좋은 사람의 말만을 듣습니다. 성령도 구하지 않고, 자신들의 생각만으로 성경을 읽고, 자신의 삶을 보다 가치 있게 만들 수 있는 교훈을 찾습니다. 예수님께서 분명히 성령이 와서 들려준 복음을 성경에 계시된 그리스도 예수에 관한 이야기를 통해서 말할 것이라고 하셨음에도, 아랑곳하지 않고 성경을 눈에 보이는 문자로만 읽고 삶에 적용하며, 땅의 것을 얻으려 합니다. 그들이 얻고자 하는 소산은 돼지들이 먹는 쥐엄 열매인데, 이를 알지 못한 체 수고하고 무거운 짐을 짊어지고 땅을 경작하여 소산의 일부를 하나님께 드리기까지 합니다.

그럼 어떻게 복음을 전해야 할까?
(성령의 도움으로 내 안에 숨겨진 두루마리 성경이 밝히 드러나야 합니다. 그래서 내가 하나님과 같은 신이 되어야 복음을 전파할 수 있습니다.)

하나님은 사람을 말씀으로 창조했습니다. 하나님은 사람을 하늘들(heavens) 곧 하나님과 같은 신으로 창조했습니다. 그래서 각 사람의 마음 밭 곧 땅에는 진리의 말씀이 보화로 숨겨져 있습니다. 하지만 그 보화는 그리스도 예수이신 성령이 내 안으로 들어와야 밝게 드러납니다. 그렇지 않으면 하나님이 믿어지지 않고, 내가 하나님이라고 여기며 영원히 죽은 상태로 지옥을 배회해야 합니다.

하지만 성령을 구하고 찾고 두드려서 성령이 내 안으로 들어오면 광야와 같았던 나라는 마음 밭이 옥토로 변하고 그러면 숨겨져 있던 하나님의 말씀이 깨닫는 것으로 나는 하나님의 말씀이라는 물이 넘쳐나는 요단 혹은 하나님의 동산 곧 천국이 됩니다. 천국을 소유하게 됩니다. 고산에서 살게 됩니다.

신앙과 믿음의 본질은 성경입니다. 성경은 그리스도 예수에 관한 책입니다. 3차원까지만 인지할 수 있는 인간이 보이지 않는 하나님을 알 수 있는 유일한 방법은 성경에 계시된 하나님의 음성을 듣는 것입니다. 성경에 계시된 하나님의 음성을 듣기 위해서는 사람이 아무리 노력한들 소용없습니다. 사람의 이성으로는 들을 수가 없습니다. 자기 자신이 선악을 분별하는 지혜가 있다고 확신하며 왕 노릇하고 있는 인간은 귀가 막혀 있기 때문에 결코 하나님의 음성을 본래의 의도대로 듣지 못합니다.

성령을 힘입어야 굳게 막혀있던 귀가 뚫립니다. 그러면 성경에 계시된 하나님의 음성을 들을 수 있습니다. 아울러 성경은 그리스도 예수 외에는 어떤 얘기도 하지 않습니다. 구약부터 사도 때까지 주어졌던 각종 율법, 절기, 제사 그리고 방언이나 은사는 눈으로 보지 않으면 믿지 않는 이스라엘 백성들에게 복음을 전파하기 위해서 하나님께서 일시적으로 사용했던 교구요 일종의 표적이었습니다. 그래서 바울도 몽학선생, 초등학문이라는 표현을 한 것입니다. 그런데 정경이 완성되었고, 완성된 정경으로 하나님은 당신을 계시하고 있습니다. 그리고 성경의 증언대로, 그리스도 예수께서 약속하신 대로, 성령(말씀, 하나님의 영, 그리스도 예수의 영, 하나님)이 오심으로 성도로 하여금 예수께서 가르치셨던 내용, 행하셨던 이적이나 표적이 무엇을 의미하는지 풀어주고 계십니다. 그러므로 하나님 나라를 전파하고, 하나님을 계시하기 위해서, 정경이 완성되기 전까지 일시적으로 사용되었던 이적이나 기적, 은사는 폐해졌습니다.

바울의 증언처럼 완전한 것이 오면 부분적인 것들은 폐해집니다. 항상 이적과 기적을 구하는 이스라엘 백성들을 향하여 예수님도 책망하셨습니다. 악한 세대가 표적을 구한다고 말입니다.

"너희들이 이적과 표적을 구하는 것은 나를 믿어서가 아니요 너희의 육신의 배고픔을 채우기 위함이라."

말씀하시며 보여줄 표적은 요나의 표적 말고는 없다고 하셨습니다. 사도행전에서 증언하는 믿는 자(사도)들에게 따르는 표적도 마찬가지입니다. 사도행전 당시에도 여전히 정경은 완성되지 않은 구약시대입니다. 그러므로 단지 사도들로 하여금 복음을 전파하고 사람들로 하여금 복음을 믿도록 하는 하나의 수단으로써 은사나 방언이 주어졌던 것입니다. 왜냐하면 방언은 믿지 않는 자들을 위한 표적이었기 때문입니다. 은사도 마찬가지입니다.

하지만 그러한 초등학문 혹은 몽학선생, 그림자 혹은 모형으로써 눈으로 보여졌던 이적이나 기적, 은사는 예수께서 십자가에 매달리시고 죽은 자들 가운데서 부활하시고 승천하셨다가, 성령(말씀)으로 오심으로 완전하게 예언대로 언약대로 성취되고, 이루어짐으로, 더 이상 필요가 없게 되었습니다.

진짜가 오셨는데 왜 여전히 모델하우스가 필요하겠습니까? 그것이 성도에게 주어지는 요나의 표적이고 하나님의 은사입니다. 죽은 자들 가운데서 그리스도 예수를 살리시고 그와 더불어 성도를 새 생명, 새 사람으로 살리신 것이 하나님의 은사고 능력입니다. 많은 오해를 낳고 있는 바울의 증언처럼 부분적인 것은 완전한 것이 오면 폐해지는 것이 맞습니다. 그러니 하나님을 계시하고 있는 성경도 완성되었고, 그리스도께서 몸소 이적과 기적을 보여주셨으며, 약속대로 성령(말씀, 그리스도 예수, 하나님)이 오셔서 성도에게 예수님의 가르침과 성경에 계시된 하나님의 계시를 풀어주고 계시므로 더 이상 은사(방언 포함)나 이적이나 기적은 필요가 없어졌습니다.

성경에 대한 해석의 차이라고 간단히 넘어갈 문제가 아닙니다. 만일 은사(방언 포함)와 이적과 기적이 여전히 행해지고 있고 하나님의 역사로부터 오는 것이라면, 2천 년 전에 오셨던 예수도 가짜요, 부활하셨다가 승천하셨다는 그리스도 예수도 가짜요, 성령도 가짜입니다. 왜냐하면 완전함으로 복음을 설명하지 못한다는 말이 되기 때문입니다.

저는 한국 개신교에 대해 비판하고 권면하면서도 일말의 희망을 가지고 있었습니다. 자칭 한국 개신교의 장자라는 확신에 차서 자신들은 큰 형님이고, 청교도주의에 기초한 진정한 신앙을 추구한다고 주장하는 교단이 있었기 때문입니다.

그들은 나름대로는 성경 중심의 개혁주의를 표방하며 자신들이 전파하는 복음이 참 복음이라고 주장해 왔습니다. 그런데 희미한 희망마저 물거품이 되어버렸습니다. 그들은 방언이 여전히 유효하다고 이해합니다. 방언은 굳이 이해하자면 은사의 일종인데, 방언이 여전히 있다고 주장한다면 그들은 은사도 인정한다는 논리가 성립됩니다.

　정경이 완성되어 하나님의 계시가 모두 기록되었음으로 또 다른 하나님의 계시는 더 이상 있을 수 없습니다. 게다가 누군가를 선별적으로 하나님께서 선택하시어 그들만 방언으로 은밀하게 사탄이 알아듣지 못하도록 계시를 하신다는 것이 말이 되지 않습니다. 직통 계시가 존재한다면 성경은 완전한 것이 아니며, 저자들에 의해서 작성되고 있는 단계라는 얘기고 예수님은 아직도 오시지 않았다는 얘기가 됩니다. 무서운 발상입니다.

　여러분은 종말과 부활, 그리스도의 재림을 어떻게 이해하고 있습니까? 성경이 증언하는 모든 것들은 나에게 해당하는 계시입니다. 나 밖의 다른 사람들이나 세상에 관한 계시가 아닙니다. 종말도 부활도 그리스도의 재림도 모두 내 안에서 일어나는 내가 직접 경험하는 실체로서의 계시적 사건입니다. 우리가 에베소서에서 배웠듯이 바울은 분명히 증언합니다. 성령(그리스도 예수, 하나님, 말씀)을 값없는 선물을 얻으면 나의 옛 사람이 죽는다고 바울은 증언합니다. 그러면 이 말이 단순히 추상적인 증언일까요? 아닙니다. 실체로서 내 안에서 그리스도 예수에 의해 성취될 하나님의 계시입니다.

　그럼 나의 옛 사람이 죽는다는 것은 무슨 의미입니까? 바로 종말입니다. 그리고 성령이 나를 새 사람으로 변화시킨다고 바울은 증언합니다. 그것은 어떤 의미입니까? 내가 부활하는 것입니다. 우리는 예수님의 증언을 통해서 또 요한복음 1장의 증언으로 익히 알고 있습니다.

　말씀은 하나님이시고 말씀이 육신이 되어 오신 분이 예수님입니다. 말씀이 그리스도 예수라는 얘깁니다. 예수께서도 직접 말씀하셨습니다. 내 말이 곧 영이라고 말입니다. 이제 쉽게 정리되지 않습니까? 태초에 천지를 지을 때 하나님과 함께 하셨던 말씀, 말씀이 하나님이라고 요한복음이 증언합니다. 그리고 하나님 되시는 말씀이 육신으로 오신 분이 예수님이라고 증언합니다. 그런데 예수께서 내 말이 영(성령)이라고 하셨습니다. 그러면 결국에 성령이 그리스도 예수라는 얘깁니다.

그리스도 예수는 성령으로 재림하셨습니다. 세상에 완전한 것이 왔음으로 부분적인 것들(은사, 방언, 표적, 이적)은 폐해졌습니다. 사라졌습니다. 그런데 성경이 믿어지지 않으니, 성령 타령을 하면서도 성령을 구하지도 않고 받지 못했으니, 의지하지도 않고 여전히 자신이 선악을 분별하는 지혜가 있다고 확신하며, 성경을 자신의 소견대로 이해하고 곡해하여 그것을 복음이라고 전파하면 어떻게 될까요? 그런 자들은 하나님의 처절한 심판을 받게 될 것입니다. 자신들이 이해하지 못하는 복음은 무조건 알마니안, 알레고리해석, 영지주의로 몰아서 성령 훼방 죄를 범하는 그들에게 죄 사함은 없습니다.

어느 신학대학원에 재학 중인 부부에 관한 기도응답

그의 입에는 나의 말이 없고,
그는 나를 믿지 않으며 나를 알지 못하니라.
차라리 믿지 않느니만 못한 처지라.
그는 내가 누군지도 모르고 믿지도 않으면서
나의 이름을 망령되이 부르며
나를 오직 그의 육체의 정욕을 채우기 위한
도구와 수단으로만 여기는 딱한 신세니라.
그는 땀 흘리지 않고 품삯을 받기를 원하고
아무런 노력 없이 인생을 헛되게 맘껏 누리며
자기 마음대로 뜻대로 살기를 원할 뿐이니라.

그의 입에는 나의 말이 없을뿐더러,
나는 그를 사역자로 부르지 않았느니라.
하지만 그는 나를 믿는다며 나의 뜻을 구한다고 하고
나의 이름을 망령되이 부르고 있으니
그 화가 그 자신에게 미치리라.
그는 나의 백성, 곧 나의 집 나의 성전을 월담한 강도요 절도니 그는 내 백성의 남편이 아니라.
그는 내 백성, 나의 자녀의 남편이 될 수 없느니라.

그는 양의 문으로 들어오지 않고
나의 백성, 곧 나의 집 나의 성전을 월담한 강도요 절도니라.
그가 나의 말을 훔쳐
자신의 정욕과 육체의 배고픔과 목마름을 채우기 위해서
나를 기만하고 오직 자신의 상급과 영광을 위해서
내가 누군지도 모르고 믿지도 않으면서
나의 이름을 망령되이 부르고 나를 창녀취급 하고 있으니
그 화가 그의 마지막 날에 그에게 처참하게 임하리니
내가 그를 그때까지 놔둘 것이요
그는 바벨론성에 내어준바 되니라.

누구든지 이 자처럼 나의 이름을 망령되이 부르며
바벨론의 죄악에 참여하는 자에게 화가 있을 것이니
그 최후는 처절한 심판이 되리라.
그는 나에게 돌이키지 않을 것이니
내 백성 곧 나의 집, 성전에서 그가 스스로 뛰쳐나갈 것이니라.

하나님의 나라가 임했는데 보이지 않나요?

그리스도 예수는 성령으로 재림하셨고, 하나님 나라도 임했습니다. (휴거, 종말, 베리칩 666)

여러분은 하나님 나라를 어디에서 찾고 있습니까? 손오공처럼 여의봉 차고 구름 타고 오실 재림 예수를 기다리고 있나요? 언제 오시는데요? 그럼 언제 구원을 얻을까요? 성경에 등장하는 구름이나 비는 하나님의 입으로부터 나오는 말씀(성령)을 의미합니다. 예수께서 구름 타고 다시 오실 것이라는 성경의 증언을 문자 그대로 이해하시나요? 성경은 소설책이나 공상 과학 만화가 아닙니다. 그리스도의 재림은 추상적 개념이 아닙니다. 예수께서 구름 타고 오신다는 것은 초림 때 말씀이 육신이 되어 영단번의 희생 제물로 드려지기 위해서였습니다.

사람을 대표하여 빚보증을 서주시고, 나의 죄와 허물을 단번에 탕감해 주시려 육신으로 오셨고, 문설주 십자가에 매달리시어 죄와 사망의 저주를 품고 죽으셨습니다. 그러므로 이제 죄와 사망이 더 이상 나에게 남편 노릇을 하지 못합니다. 그리고 예수께서는 죽은 자들 가운데서 3일 만에 부활하셨습니다. 이후 예수께서는 하늘로 승천하셨습니다. 승천하기 전에 말씀하셨습니다. 내가 가야 아버지께서 그를 보내신다고 말입니다. 예수께서 올라가셔야 오는 이는 보혜사 성령, 곧 성령입니다. 그리고 예수님의 말씀처럼, 성경의 약속대로 성령이 오셨습니다.

우리는 요한복음 1장과 예수님의 말씀으로 하나님, 예수님, 성령이 어떤 존재인지 이해합니다. 여러분은 혹시 하나님, 예수님, 성령을 별개의 존재로 이해하시나요? 만일 믿기지 않거나, 이해되지 않는다면 요한복음 1장의 증언을 함께 살펴보도록 하겠습니다.

태초에 말씀이라고 불리는 존재가 계셨다고 기록되어 있습니다. 성경은 존재를 'the one'으로 칭합니다. 성경에서 칭하는 the one은 '인자' 즉 그리스도 예수를 뜻합니다. 그런데 말씀이라고 불리는 존재 인자가 하나님과 함께 계셨고, 말씀은 하나님이라고 합니다. 그러면 말씀이 하나님이라는 얘깁니다. 이해되시죠? 그리고 태초부터 말씀은 하나님과 함께 계셨습니다. 말씀은 만물을 지었고 생명(life, spirit)을 주셨습니다. 그런데 말씀이 사람이 되셨다고 합니다. 말씀이 육신이 되어 오셨다는 얘기가 됩니다. 그러면 말씀이 육신이 되어 오신 분이 누구십니까? 의심의 여지 없이, 누구도 반박할 수 없는 바로 그리스도 예수십니다.

하나님이 말씀이고 말씀이 하나님이시며, 말씀이 육신이 되어 오신 인자가 그리스도 예수라는 얘기네요. 말씀(성령)이 그리스도 예수십니다. 이해가 되나요? 예수께서 제자들에게 말씀하셨습니다. 내 말이 곧 영이요 성령이라. 영은 성령을 뜻합니다. 바울은 서신에서 '성령'에 대한 표현을 특히 많이 사용하고 있는데 그는 영, 성령, 하나님의 영, 하나님 아들의 영이라는 표현으로 그리스도 예수를 칭합니다. 결론적으로 성령(Spirit or Holy Spirit)은 그리스도 예수입니다. 결코 추상적이거나 교과서적인 개념에 불과한 것이 아닙니다.

사도행전 2장에는 오순절에 성령이 각 사람에게 임했다고 쓰여 있습니다. 오순절에 각 사람 머리 위에 임한 성령은 '방언' 다시 말해 하나님의 말씀입니다. 우리는 흔히 하나님의 말씀이 임한다고 말합니다. 사도행전 2장에서 각 사람의 머리 위에 임한 성령은 하나님의 말씀이었고, 성령이었으며, 그리스도 예수셨습니다.

말씀이 육신이 되어 오셨지만 사람들은 여전히 하나님의 말씀을 듣지 못했고, 각자 소견대로 옳고 그름을 이분법적으로 구분하여, 말씀을 멋대로 육적 가치를 추구하기 위한 수단으로만 받아들였습니다.

이제는 예수께서 각 사람의 마음으로 들어가셔서 직접 하나님의 말씀을 새겨주신다고 하십니다. 그런데 육체는 육체 안으로 들어갈 수 없기에 육체 안으로 들어갈 수 있는 영(성령)으로 오시겠다는 의미입니다. 그리고 마침내 그리스도 예수께서는 성령(말씀)으로 재림하셨습니다.

창세전에 하나님의 예정 따라서 하나님의 백성으로 택함을 받은 성도(교회)안으로 침노해 들어오셔서, 각 사람의 마음에 말씀을 새기시고 마음에 내주하시면서 사람을 성전(교회)으로 세우고 계십니다. 하나님은 건축가가 되시며 성전 건축에 있어서 가장 중요한 모퉁이 돌이 되십니다. 그는 성도(교회)를 찾아다니는 목자시고, '어린양의 피를 부으며 히브리 사람 이스라엘을 부르는 음성'이십니다. 그분(성령, 그리스도 예수)께서는 길을 잃고 죽은 상태에 있는 탕자를 찾아내시어 부활시키고 계십니다.

각 사람의 마음 안으로 침노해 들어가셔서 각 사람을 성전인 하나님 나라(천국)로 세우고 계십니다. 성도는 육체를 입고 이 세상에서 종말, 부활, 영생을 경험합니다. 복음을 믿음으로 다시 말해 그리스도 예수의 영(말씀)을 값없는 선물로 받은 성도들은, 그분께서 침노해 들어오셔서 내주하심으로 옛 사람이 죽는 종말을 경험합니다.

바울의 말처럼 사람은 누구든지 반드시 한 번은 죽습니다. 그런데 복음을 믿는 것으로 그리스도 예수의 영을 값없는 선물로 얻은 성도들은 그리스도 예수께서 침노해 들어오셔서 내주하심으로 나의 옛 사람이 십자가에 매달려 죽임 당하는 종말(죽음, 심판)을 경험하게 됩니다. 종말 후에는 누구나 반드시 심판대 앞에 서게 됩니다. 하지만 그리스도 예수께서 율법의 저주를 지고 십자가에서 죽으셔서 얻은 대가를 값없이 선물 받은 성도는 율법으로부터 해방되었습니다. 더 이상 이분법에 얽매이지 않고 성령과 함께 살아갈 수 있게 되었습니다.

종말에 이르고 심판을 받지만 율법이 더 이상 남편이라고 주장하지 못함으로 성도는 심판받지 않고 넘어갑니다. 재림하신 그리스도 예수로 말미암아 성도가 육신의 옷을 입고 세상에서 경험하는 종말과 심판입니다.

결코 추상적 개념이 아닌 실체로서 성도들에게 일어나는 일입니다. 복음을 믿는 것으로 성령을 값없는 선물로 얻은 성도는 성령으로 말미암아 속사람이 새 사람으로 변하게 됩니다.

성도 안으로 침노해 들어온 성령으로 말미암아 옛 사람은 죽고 새 사람으로 부활하며 그에게 천국, 하나님 나라가 임하게 됩니다. 그곳은 하나님의 백성으로 선택된 내가 백성이 되는 '하나님 나라, 천년왕국'입니다.

한편, 성령의 침노로 그리스도 예수와 함께 먹고 마시며 천년왕국을 누리고 있지만, 여전히 실체로서의 육체의 옷을 입고 있습니다. 아울러 성령(그리스도 예수)의 침노로 말미암아 내가 하나님의 천년왕국으로 세워졌지만, 묵시의 세상에 이루어진 하나님 나라는 아직 갈수가 없습니다. 성도는 성령과 함께 실체로서의 종말, 심판, 부활, 영생이라는 한 소망을 바라보며 양의 문을 향하는 성화의 과정을 육체가 죽음에 이를 때까지 걷게 됩니다. 그리고 육체가 죽음(종말)에 이르면 비로소 그리스도 예수와 함께 묵시의 세상에 이루어진 천국으로 들어 올라갑니다.

제가 이제까지 나열한 이 모든 것들은 값없는 선물로 얻은 성도가 세상에서 천국으로 들어가기까지 실제 과정입니다. 여기에 세대주의자들이 주장하는 종말, 휴거, 심판, 베리칩(666)은 없습니다. 성도는 이미 종말, 심판, 부활, 영생을 경험하고 땅에 임한 하나님 나라를 누리고 있는 제사장입니다. 예수께서는 이미 재림하셨습니다. 자칭 재림 예수라는 자들은 사이비 종교의 사기꾼일 뿐입니다. 재림 예수는 육신의 옷을 입고는 다시는 오시지 않습니다. 이미 성령(말씀)으로 재림하셨습니다.

온전한 십일조가 맺는 열매, 성령의 열매, 말(혀, 방언)의 열매

여러분은 어떤 말을 갖고 있나요? 여러분의 마음에는 어떤 말이 자리 잡고 있나요? 여러분의 입에서 나오는 말이 여러분 영의 형상입니다.

마태복음 12:31~35(Matthew 12:31~35)

31-32. I tell you that any sinful thing you do or say can be forgiven. Even if you speak against the Son of Man, you can be forgiven. But if you speak against the Holy Spirit, you can never be forgiven, either in this life or in the life to come.

내가 너희에게 이르노니 너희가 행하는 그 어떤 종교적, 율법적, 도덕적 죄나 말이라도 용서받을 수 있느니라. 심지어 너희가 인자를 반대하는 말을 한다 하더라도 너희는 용서받을 수 있느니라.

33. A good tree produces only good fruit, and a bad tree produces bad fruit. You can tell what a tree is like by the fruit it produces.

좋은 나무는 오직 좋은 열매를 낳으나 나쁜 나무는 나쁜 열매를 낳느니라. 너희는 어떤 나무인지를 그 나무가 낳는 열매로 말할 수 있느니라.

34. You are a bunch of evil snakes, so how can you say anything good? Your words show what is in your hearts.

너희는 악한 뱀이라 그런데 어찌 선한 것을 말할 수 있느냐? 너희의 말이 너희 마음에 있는 것을 보여 주니라.

35. Good people bring good things out of their hearts, but evil people bring evil things out of their hearts.
선한 사람들은 좋은 것을 마음에서 드러내나 악한 사람들은 그들의 마음으로부터 악한 것을 끄집어내니라.

우리가 흔히 하나님을 믿는다는 사람들의 삶의 모습을 얘기할 때 많이 인용하는 성경 구절이 마태복음 12:33입니다. 나무는 열매로 알 수 있으니, 예수를 믿는 사람들이라면 스스로의 노력으로 성화를 이뤄야 하고, 착하게 살기 위해서 애써야 하고, 거룩해야 하고 율법이나 윤리, 도덕을 잘 지켜야 하고, 항상 주위의 어려운 이웃을 도와야 하고, 사회 정의를 위해서 힘써야 한다고 합니다. 그런데 이 말씀은 예수께서 그렇게 율법적 행위로 하나님을 기쁘게 하겠다고 하는 바리새인들, 율법의 행위로 열심히 하나님을 기쁘게 해드릴 수 있고, 자신들의 노력으로 죄와 사망의 문제를 스스로 해결할 수 있다고 하는 바리새인들을 향한 책망이었습니다.

하나님은 외모로 사람을 판단하지 않으십니다. 하나님은 각 사람의 율법적, 도덕적, 윤리적, 종교적 행위로 판단 받지 않습니다. 사람은 근본적으로 선하지 않고 어떤 노력으로도 선해질 수 없습니다. 누구도 예외 없이, 율법이나 윤리, 도덕을 단 하나도 어기지 않고 온전히 지킬 수 있는 사람은 없습니다.

사람은 스스로를 하나님이라고 여기며, 자신도 하나님처럼 옳고 그름을 분별하는 권능이 있다고 합니다. 각자 소견대로 인식하며 열심히 의를 쌓고, 다른 사람들을 판단하고 정죄합니다. 하지만 사람은 누구도 행위로서 선해질 수 없습니다.

　마음에 품고 있는 옳고 그름을 판단하는 기준은 사람으로 하여금 각자 소견대로 다른 사람들을 외모(행위)로 판단하고 정죄하도록 만들기 때문입니다. 하지만 하나님께서는 사람의 외모를 취하지 않으시고 중심(마음 판에 새겨진 하나님의 말씀)을 보십니다. 그러므로 설사 사람이 율법적, 윤리(도덕적), 종교적 기준에서 벗어나는 행위를 했다 하더라도 용서받을 수 있습니다. 심지어 예수님이 없다고 주장했거나 욕을 했더라도 용서받을 수 있습니다.

　용서받을 수 없는 죄가 딱 하나 있습니다. 그것이 성령 훼방 죄입니다. 여러분은 이제까지 성령 훼방 죄를 이렇게 이해했을 것입니다. 내가 하나님을 믿는다면서 이적이나 기적, 표적을 믿지 않거나 인정하지 않는 것, 은사나 방언을 믿지 않고 인정하지 않는 것 등을 성령의 역사를 가로막고 인정하지 않는 것을 훼방 죄로 이해했을 것입니다. 참 어처구니없는 오해입니다. 바리새인들에게 율법주의에 관한 책망을 하시다가 갑자기 은사나 방언, 이적과 표적 얘기를 하는 것이 앞뒤가 맞나요? 결론부터 말씀드리자면 하나님의 말씀을 잘못 알아듣고(불순종) 그것을 이분법적 패러다임으로 오해하여 세상을 정죄하고 심판하는 것이 하나님의 말씀의 본래 취지에서 벗어난 죄입니다. 사람들에게 막무가내로 노력을 요구하고 율법, 윤리, 도덕을 행위로서 지키도록 무거운 짐을 짊어지도록 하며, 그 결과 사람들을 영원한 목마름과 배고픔에 빠지는 죽음에 이르게 합니다. 그것이 하나님의 말씀(그리스도 예수)을 방해하는 성령 훼방 죄입니다.

　예수님은 포도나무입니다. 그리고 하나님의 선택을 받은 백성은 포도나무 가지입니다. 예수님은 말씀(성령)이고, 말씀은 한 줌의 흙에 불과한 인간을 그리스도의 형상으로 낳는 생명의 씨앗입니다. 씨앗을 뿌린 대로 열매 맺기 마련입니다. 나뭇가지는 스스로 열매를 맺을 수 없습니다. 열매를 맺는 것은 나무입니다. 포도나무에서는 포도가 열리고 돌 감람나무에서는 돌 감람나무가 열리는 것이 당연한 이치입니다. 생명의 씨앗으로 말미암아 포도나무는 또 다른 생명을 열매를 낳게 됩니다. 나무 덕분에 나뭇가지에 열매가 맺히는 것입니다. 설사 돌 감람나무가지라 할지라도 그것을 포도나무에 접붙이면 포도가 맺히게 됩니다. 성령이신 그리스도 예수께서 포도나무로서 낳는 열매는 포도뿐입니다. 즉 성도가 포도나무로 열매로 맺히기 위해서 스스로 행했거나 기여한 것이 아무것도 없다는 얘기입니다. 아니, 기여할 수 있는 것이 아무것도 없다는 얘기입니다. 하지만 하나님께서 우리를 창세전에 하나님의 말씀을 이분법적 패러다임으로 잘못 알아들으면 말씀은 생명을 낳는 씨앗이 아닌 가짜 열매를 맺는 돌 감람나무가 됩니다. 열매는 나무에 따라서 열리기 때문입니다.

정리하자면 이렇습니다. 스스로를 선하다고 여기고 거룩한 척하며 율법, 윤리, 도덕, 종교적 행위를 지키려고 애쓴다 할지라도, 나뭇가지는 스스로 자신의 가지에 맺히는 열매를 결정할 수 없습니다. 나뭇가지에 열매가 맺히는 것은 전적으로 가지가 속해있는 나무가 결정합니다. 그런데 자신이 나무가 아닌 나뭇가지라는 사실을 알지 못하고 인정하지 않고 스스로의 노력을 통해서 열매를 맺을 수 있다고 한다면 그것이 하나님의 말씀을 부정하고 믿지 않는 '성령 훼방 죄'가 됩니다.

여러분은 지금 포도나무에 접붙인 가지인가요? 아니면 돌 감람나무에 접붙인 가지인가요? 생명의 씨앗이 되는 성령, 하나님의 입으로부터 나오는 말씀이 마음 판에 새겨진 성도는 거짓말, 악한 말, 사람을 기쁘게 하고 선동하는 말을 합니다.

온전한 십일조이며 말씀이신 그리스도를 부정하는 성령 훼방 죄

성령 훼방 죄는 기적 또는 은사를 거부하거나, 방언을 인정하지 않는 것이 아닙니다. 성령, 하나님의 말씀, 그리스도 예수는 모두 동일한 존재인데, 육체가 아닌 성령이 성도들에게 임하는 것이 오순절 성령 강림 사건입니다. 아래에서 본문을 살펴보겠습니다.

마태복음 12:31~33(Matthew 12:31~33)

31-32. I tell you that any sinful thing you do or say can be forgiven. Even if you speak against the Son of Man, you can be forgiven. But if you speak against the Holy Spirit, you can never be forgiven, either in this life or in the life to come.

내가 너희에게 이르노니 너희가 행하는 어떤 율법적 죄나 말도 전부 용서받을 수 있느니라. 심지어 너희가 인자에 반대하는 말을 한다 할지라도 너희는 용서받을 수 있느니라. 그러나 만일 너희가 성령(하나님의 말씀)에 대적하는 말을 한다면 너희는 이 세상에서나 다가올 세상에서도 용서받지 못하니라.

33. A good tree produces only good fruit, and a bad tree produces bad fruit. You can tell what a tree is like by the fruit it produces.

좋은 나무는 좋은 열매를 맺고 나쁜 나무는 나쁜 열매를 맺나니 이와 같이 너희는 나무가 맺는 열매로 어떤 나무인지 구분할 수 있느니라.

본문은 예수께서 율법주의에 빠진 바리새인들을 책망하며 하신 말씀입니다. 이 구절을 통해서 죄나 심판은 어떤 형태의 율법이라도 온전히 지킬 수 없음을 아시는 하나님이 사람의 행위로는 심판하지 않으심을 알 수 있습니다.

심지어 사람이 하나님이나 예수님을 조롱한다 할지라도 하나님은 그것으로 사람을 심판하지 않으십니다. 사람의 행위로는 하나님의 심판을 결정지을 수 없다는 뜻입니다. 그런데 하나님의 말씀에 대적하는 말을 하면 용서받지 못한다고 하십니다. 하나님의 말씀은 생명이고 사랑이며 하늘의 양식입니다. 마치 자신이 하나님인 것처럼 하나님의 말씀을 자신의 소견대로 옳고 그름을 정해 다른 사람에게 설교한다면 그것이 성령에 대적하는 성령 훼방 죄가 됩니다. 가령, 예수를 믿으면 절대 죄를 지으면 안 되고 율법이나 종교적 규칙, 교훈을 잘 지켜야 하고 착하게 살아야 하고 거룩해지려고 힘써야 한다는 식의 윤리적인 교훈이나 지침 형태로 성경을 설교하는 것이 결코 용서받을 수 없는 성령 훼방 죄입니다.

정리하자면 성경을 인간의 삶을 위해 자신이 원하는 방향으로 이끌기 위한 도구로 삼거나 이분법적으로 판단하고 개인의 소견대로 행하며 사람의 의지로 하나님의 선을 이루는 데 기여하겠다고 하면 그것이 성령(말씀)에 반하는 성령 훼방 죄입니다.

먹는 음식(기호 식품)으로 스스로를 경건하게 만들 수 있을까?
(온전한 십일조를 양식으로 먹어야 합니다.)

마태복음 15:11(Matthew 15:11)

11. The food that you put into your mouth doesn't make you unclean and unfit to worship God. The bad words that come out of your mouth are what make you unclean.

너희가 입으로 넣는 음식은 너희가 하나님을 예배하는 데 있어서 너희를 부정하고 부적절한 제물로 만들지 않으나 너희의 입으로부터 나오는 말이 너희를 부정하게 하니라.

마태복음 15장 역시 예수께서 율법주의에 대하여 책망하는 내용입니다. 그중에서 11절을 함께 살펴보겠습니다. 여러분은 예배당에 출석하면서부터 사역자에게 예수를 믿는 사람이 가져야 할 태도에 대해 배웠을 것입니다. 그런데 사실 주위 사람에게 배운 것은 죄와 사망, 율법이 가진 저주로부터 십자가를 지고 나의 죄를 탕감해주신 예수님에 대한 모욕입니다.

율법이라는 옛 남편은 십자가에서 죽음으로 나에게 남편 노릇을 하지 못하는데 다시 율법으로 되돌아가서 영원한 사망에 이르도록 가르치는 것은 율법적인 가르침이므로 하나님의 말씀에 반하는 성령 훼방 죄입니다. 위 구절은 사람의 윤리적 행위에 기초한 노력은 사람 스스로를 경건하거나 거룩하게 만드는 근거가 될 수 없음을 증거하고 있습니다.

하나님을 믿으니 정결하고 흠 없는 육체를 보존해야 한다며 먹을 것을 구분해야 한다는 발상은 지극히 반 복음적인 거짓말이고 하나님의 말씀(성령)에 대적하는 간음이며 도둑질입니다. 사람은 결코 인간의 행위를 통해 선해질 수 없습니다. 왜냐하면 사람은 원죄를 품고 있기 때문에 스스로의 노력으로 자신을 선하게 만들 수 없습니다. 즉, 우리 먹는 음식이 우리를 경건하게 만들거나 거룩하게 만들지 않는다는 얘깁니다. 이는 예수를 믿으면 술이나 담배를 하지 말아야 하고, 끊어야 한다며 많은 사람들에게 수고하고 무거운 짐을 지게 만드는 가르침입니다. 이게 얼마나 허무맹랑한지를 깨달아야 합니다. 우리가 먹는 음식이 우리의 믿음을 증명하지 않는다는 것을 의미하기도 합니다.

중요한 것은 무엇을 먹느냐가 아니라 우리 마음에 하나님의 말씀, 성령(그리스도 예수)이 새겨져 있느냐 없느냐 입니다. 복음을 믿음으로 값없는 선물로 성령(말씀)을 받은 성도는 그의 마음에 내주하시는 그리스도 예수로 말미암아 속사람이 새사람으로 부활했다는 사실을 하나님의 말씀을 말합니다. 반면에 하나님의 말씀을 잘못 알아듣고 스스로 하나님처럼 옳고 그름을 구별할 수 있다고 여기는 사람은 자신의 소견대로 세상을 말합니다. 거짓말, 악한 말을 합니다.

그런 자들은 아무리 열심히 하나님의 기쁨을 위해 율법을 지킨다고 할지라도 예배가 될 수 없고, 하나님께서 받으시는 산 제물이 될 수 없습니다. 아무리 노력해도 그들의 예배는 신령과 진정으로 드리는 영적 예배가 될 수 없습니다. 그러니 이제 먹는 것으로부터 자유하시기 바랍니다.

가인의 십일조를 드리며 만사형통을 쫓는 사람들

요한복음 18:36(John 18:36)

36. Jesus answered, "My kingdom doesn't belong to this world. If it did, my followers would have fought to keep me from being handed over to the Jewish leaders. No, my kingdom doesn't belong to this world."

예수께서 대답하여 이르시되 "나의 왕국(나라)은 이 세상에 속하지 않나니 만일 이 세상에 속한다면 나의 제자들이 내가 유대 지도자들에게 넘겨지는 것을 막기 위해서 싸웠으리라. 하지만 나의 왕국(나라)은 이 세상에 속하지 않느니라."

사람들은 흔히 말합니다. 예수 믿으면 복 받아서 잘 먹고 잘살게 된다고. 더 정확한 표현은 자신이 원하는 삶을 이루며 부귀영화를 누리기 위해서 예수를 믿습니다. 성경에 계시된 하나님의 음성에는 귀 기울이지 않고, 성경을 문자적으로 오해하고, 그것을 어떻게 적용하면 내가 원하는 대로 가치 있는 삶을 누릴 수 있는지가 사람들의 관심사입니다.

성경 속 episode를 개별 이야기로 나누어서 그것을 문자적으로만 읽으며 자신들이 처한 일상의 삶에 적용시키는 교훈 또는 지침서로 이해합니다. 그것을 적용한다면 자신들의 삶이 원하는 대로 변화될 것이라고 확신합니다. 사람들은 예수님을 믿는 것에 관심을 두지 않고 성경과는 아무런 상관이 없는 중동 이스라엘을 닮고자 무단히 애를 씁니다. 유태인들이 성경대로 살고 자녀들을 가르쳐서 전 세계 정치, 경제, 문화 등을 주도하고 있다고 말합니다. 그러므로 유태인들의 교육 방식을 따라 하겠다고 난리를 칩니다.

예수를 잘 믿어서 만사형통을 누리겠다는 사람들의 유형은 크게 두 가지입니다. 첫째는 성경을 율법으로 오해하는 사람들입니다. 율법을 잘 지켜서 행하면 하나님이 기뻐하실 것이고 나의 율법적 행위에 대한 마땅한 대가를 하나님께서 반드시 주신다고 확신합니다. 율법의 행위를 통해서 하나님을 기쁘시게 하고 그에 상응하는 부귀영화를 품삯으로 받을 수 있다고 믿는 사람들은, 자신들의 율법적 종교적인 노력이 하나님을 기쁘시게 하고, 그에 대한 품삯을 자신이 원하는 방식으로 받기를 원합니다.

그래서 그들은 열심히 새벽 기도, 주일 성수, 헌신 봉사, 각종 헌금, 십일조, 목회자를 섬기는 것 등에 올인 합니다. 그들은 자신들의 종교적 행위에 대한 노력이 하나님을 기쁘시게 하고 감동시켜서 자신들이 원하는 것을 삶 속에서 품삯으로 받을 수 있다고 확신합니다. 그리고 예수님을 믿지 않는 사람들보다 더 가치 있는 삶을 누릴 수 있다고 스스로를 세뇌시킵니다. 율법적, 종교적인 행동이 반드시 구원으로 이끌 것이라는 확신도 있습니다.

그들의 노력은 다른 사람들로 하여금 하나님에 대한 그들의 믿음이 누구보다 크고 견고하며 신실한 것처럼 보이도록 착각하게 만듭니다. 하지만 실상은 결국 하나님을 믿지 않는 불신자들입니다. 정확하게는 스스로를 하나님으로 믿으며 우상으로 섬기는 동성애자들입니다. 스스로가 옳고 그름을 구별할 수 있다고 여기며 하나님을 흉내를 내는 자들은 놀랍게도 대부분 건물 예배당에서 상당한 영향력을 가지고 있고 행사합니다. 참으로 무서운 사람들입니다.

두 번째 유형도 첫 번째 유형과 비슷합니다. 이 사람들은 성경을 율법주의자처럼 문자적으로만 해석합니다. 마치 성경을 개인의 삶에 가치를 더해 주는 참고서, 교훈서 정도로 받아들입니다. 마치 힌두교도였던 간디가 평생 성경을 옆구리에 끼고 살았던 것과 같습니다. 이들은 성경에 기록된 개별

episode를 삶에 대한 교훈이나 컨설팅 정도로 이해합니다. 그리고 그것을 동일하게 자신들의 삶에 적용하기 위해서 애씁니다.

첫 번째나 두 번째 부류의 사람들 모두 자신들의 태도가 신실한 신앙이고 믿음이라고 확신합니다. 하지만 안타깝게도 오늘 본문을 통해서 언급한 두 부류의 사람들이 진정한 이웃이 되는 그리스도 예수와는 아무런 상관이 없는 자들이라는 것을 확인할 수 있습니다.

예수께서 말씀하십니다. 나의 왕국(나라)은 이 세상에 속하지 않는다고 말입니다. '나의 왕국'은 단지 로마의 식민지였던 이스라엘을 지칭하는 것이 아닙니다. 복음을 믿는 사람들, 창세전에 하나님의 예정과 작정을 따라서 하나님의 백성으로 선택받은 사람들에게 예수께서 말씀하시는 '나의 왕국'입니다.

즉, 예수께서 말씀하시는 '나의 왕국'은 복음을 믿음, 성령을 값없는 선물로 받은 성도(교회, 성전) 여러분입니다. 그런데 여러분은 이 세상(지옥, 무덤, 가인들의 세상, 죽은 자들의 세상)에 속하지 않는다고 하십니다. 그러면 한번 생각을 해보시기 바랍니다. 여러분이나 저는 창세전에 하나님의 예정과 작정하심으로 하나님의 백성으로 선택 받았고, 하나님께서는 그리스도 예수를 통해서 계획을 이미 선하심으로 이루셨습니다. 택함을 입은 성도는 죄와는 아무런 상관이 없는 존재로서 어디서 영원히 죽지 않고 하나님의 복, 다시 말해 유업(유산, 기업)을 누릴 수 있는 것일까요? 이 세상, 지옥? 이곳은 죽은 자들의 세상인데요? 복음은 이곳에서 영혼을 죄와 상관없는 존재로 건져내는 것이라고 하는데요? 이 지옥에서 가인들과 마찬가지로 창세전에 하나님의 예정과 작정으로 택함을 입은 성도들도 처음에는 가인들과 마찬가지로 썩어져 없어질 것을 구하고 찾고 두드리며 향방 없는 달음박질을 했습니다.

탕자도, 야곱도, 아브라함도, 예수님의 제자들도 그랬습니다. 하지만 결국 모두 성령에 붙잡혀서 지옥과 같은 가인들의 세상에서 건져졌습니다.

"너희가 젊었을 때에는 스스로 옷을 해 입고 너희가 가기를 원하는 곳은 어디든지 다녔지만 이제 이후로는 너희에게 띠가 띠워지고 너희가 가기를 원치 않는 곳으로 이끌릴 것이라."

부활하신 예수께서 승천하시기 전에 제자들에게 말씀하셨습니다. 그런데 어찌 예수를 믿으면 만사형통이고 잘 살게 된다는 말입니까? 어찌 만사형통을 누리기 위해서 예수를 믿을 수 있겠습니까? 복음을 믿음으로 성령을 값없는 선물로 받은 성도가 누리는 만사형통은 옳고 그름이라는 이분법적 패러다임에서 건져지는 것입니다.

세상과 같습니다. 사람은 자신이 죽은 줄도 모르고 아등바등, 더 많이 갖고 누리기 위해서 향방 없는 달음박질을 하고 있습니다. 복음은 그런 사람들에게 그들이 원하는 것을 더 많이 갖도록 해주고 누리도록 하는 것이 아니라, 죽은 영혼들을 지옥에서 건져내어 자유를 누리게 합니다.

죄와 울법

　원어 성경에서 창세기 저자는 에덴동산 중앙에는 한 그루의 나무가 있었다고 합니다. 그 나무는 "하나님의 입으로부터 나오는 말씀 다시 말해 생명을 주는 말씀(words)"입니다. 그런데 한 그루의 나무가 두 그루의 서로 다른 나무로 묘사되고 있습니다. 한 그루의 나무는 생명을 주는 생명나무 실과였습니다. 아울러 서로 다른 별개의 나무로 인식되는 동일한 나무는 옳고 그름의 차이를 알도록 하는 권능을 주는 나무라고 합니다.

　이것이 무엇을 의미합니까? 에덴동산 중앙에는 한 그루의 나무만 있었다는 얘깁니다. 그리고 한 그루의 나무가 의미하는 것은 요한계시록 22장에 등장하는 12가지 열매를 맺는 생명나무입니다. 이는 하나님의 입으로부터 나오는 말씀을 뜻합니다. 말씀은 포도나무 되시는 그리스도 예수를 뜻하고, 나무에 맺히는 12실과는 포도나무가지가 되는 성도입니다. 성도가 곧 말씀에 의해 맺히는 성령의 열매가 됩니다. 말씀 되시며 포도나무 되시는 그리스도 예수께서 미리 택한 당신의 백성들을 성령의 열매로 낳으실 것을 뜻하기도 합니다.

　그런데 재판장이 되시는 하나님께서는 말씀이 선과 악을 구분 짓는 권능이기도 합니다. 그러므로 세상을 옳고 그름으로 재판할 수 있는 유일한 존재는 하나님입니다. 하나님은 생명의 말씀으로 한 줌의 흙을 죽지 않고 영원히 사는 하나님의 백성으로 삼으셨습니다. 하나님은 자체로 선이시고 선하신 분입니다.

　다시 말해, 옳고 그름의 차이를 아는 권능을 가진 유일하신 하나님께서는 선도 악도 모두 결국에는 12가지 실과를 맺기 위한 하나님의 선하신 행함으로 온전해지기 때문입니다. 이것은 권능을 가진 유일한 존재로서 하나님께서 행하시는 선하신 일입니다. 선도 악도 결국에 하나님에 의해서 생명으로 맺는 구원의 결실이 됩니다.

한편, 아담(사람)은 자신이 피조물이라는 것을 잊고 뱀이 전하는 세상 말(술, 거짓말, 간음)에 미혹되어 자신도 하나님처럼 옳고 그름의 차이를 아는 권능을 갖고 싶다는 이기적인 욕망을 품게 됩니다. 이것이 로마서 7:8이 증언하는 율법과 죄와의 관계입니다. 뱀은 하나님의 말씀을 단순한 정죄로 잘못 일러주었고, 아담 역시 뱀의 말을 받아들여 잘못 알아듣습니다. 그리고 뱀이 던진 덫에 걸려 선악을 구분하는 권한을 위한 이기적인 욕망으로 선악과를 따 먹고 곡해합니다. 하나님의 말씀을 생명을 주는 영이 아닌 단순한 정죄로 잘못 알아들으면 자신이 하나님이라고 착각하게 만들고 이기적인 욕망을 갖게 합니다. 그리고 이기적인 욕망 때문에 열심히 노력해도 죄만을 열매로 낳게 됩니다. 하나님의 말씀을 생명나무가 아닌 선악과로 인식하니, 자신도 포도나무가지가 아닌 돌 감람나무가지로 접붙여지게 되는 것입니다. 율법이 낳는 것은 죄 외에는 없고 품삯은 사망입니다.

바울의 증언(로마서 7:8)을 빌어 말하자면 율법이 없으면 죄도 없습니다. 좀 더 구체적으로 이해하면 행동으로 죄를 만드는 것이 아니라, 사람이 각자 소견대로 옳고 그름을 판단하는 기준을 갖게 되면 그게 죄가 되는 것입니다.

바울은 로마서 7:9~10을 통해서 분명히 증언합니다.

"내가 율법에 관하여 알기 전에는 살아 있었으나 내가 그 계명을 듣자마자 죄가 살아났고, 나는 죽었느니라."

하나님의 말씀은 그 자체로 진리고 영원히 죽지 않는 생명입니다. 말씀을 내 소견대로 잘못 알아들으면 그 순간부터 나는 죄와 사망의 저주 아래에 갇히게 됩니다. 하나님께서는 갈라디아서에서 확인했듯이 이스라엘 백성들에게 율법이라는 계명을 준 적이 없다고 하십니다. 잘못 알아들은 것은 바로 이스라엘 백성들이었습니다.

이어서 로마서 7:10~11을 살펴보겠습니다.

"나에게 생명을 가져다줄 계명이 대신에 나를 죽음에 이르게 했으니 이는 죄가 나를 속이기 위해서 이 계명을 사용한 것이고, 그것으로 말미암아 나는 죽었느니라."

앞에서 언급했지만 하나님께서는 죄를 낳고 사망에 이르는 율법을 이스라엘 백성들에게 준 적이 없으십니다. 말씀을 단순한 정죄로 잘못 알아들은 것은 바로 이스라엘 백성들이었습니다. 하나님의 말씀을 잘 알아들으면(순종) 그것은 나에게 영원한 생명을 주는 영이 되지만, 그렇지 않으면 나를 사망에 이르게 하는 죄와 사망의 저주가 됩니다. 그것이 하나님만이 옳고 그름의 차이를 구별하는 권능을 가지는 이유입니다. 하나님 앞에서는 선도 악도 모두 구원이라는 하나님의 선하심을 이루는 합력이 되기 때문입니다.

이제 죄와 율법의 관계, 어떻게 율법이 죄를 낳고 죄가 어떻게 사람을 속이기 위해서 율법을 사용하는지를 이해했을 것입니다. '그러면 나는 하나님을 믿는데 왜 여전히 내 입장에서 여전히 죄라고 인식하는 행위를 하게 되는지?'에 대한 궁금증이 풀렸을 것이라고 믿습니다. 이미 갈라디아서와 에베소서에서 살펴보았듯이, 누구든지 복음을 믿으면 그의 마음에 성령(말씀)을 값없는 선물로 받고, 사람을 성전 삼아서 내주(live)합니다. 그리고 성령이 그의 속사람을 새 사람으로 변화시킵니다.

하지만 사람은 여전히 실체로서는 육신의 옷을 입고 있습니다. 그리고 육신의 옷을 입고 있는 동안에 사람은 누구도 육신이 쏟아내는 죄로부터 자유로울 수가 없습니다. 왜냐하면 사람의 육신은 땅으로부터 온 흑암, 공허, 혼돈이기 때문에 하나님의 말씀을 단순한 정죄로 오해합니다. 그리고 사람의 모든 행위를 통제합니다. 인간이 복음을 믿어서 성령을 값없는 선물로 받고,

하나님의 백성으로 구별되었음에도 여전히 '죄'의 포로가 되는 이유입니다.

　나의 육신은 그 자체로 원죄적 죄가 있습니다. 육신이 흙에서부터 왔기 때문입니다. 그러므로 나의 육신은 내가 행하는 모든 것을 정죄하고 심판합니다. 성도는 평생 내 안에 내주하시는 성령(말씀, 그리스도 예수)을 속사람으로 섬기면서도, 육신으로는 정죄가 쏟아내는 이기적인 욕망을 섬기며 통제받습니다. 이것을 흔히 영적 전쟁이라고 합니다. 내 마음에 내주하고 계시는 그리스도 예수와, 욕망을 따라 육체의 죄를 섬기는 율법 사이에서 끊임없이 충돌이 일어납니다. 이 과정이 나의 육신이 죽음에 이를 때까지 끊임없이 지속됩니다.

　이 과정을 바꾸어 말하자면 '성화' 십자가의 길, 천로역정이라고 합니다. 하지만 전쟁은 여호와께 속한 것이기 때문에 성도는 두려워할 필요가 없습니다. 왜냐하면 그가 전쟁에서 승리할 것이 확실하기 때문입니다. 다만, 성도는 육신이 죽음에 이르는 순간까지 끊임없이 영적전쟁을 경험해야 함으로 고난의 삶을 살아야 합니다. 하지만 그가 함께하시기에 역시 걱정하지 않아도 됩니다. 비록 육신은 여전히 죄의 통제를 받지만 믿음으로 성령을 값없는 선물을 받은 성도라면 나는 하나님과 그리스도 예수께 속한 하나님 나라의 백성입니다. 그러므로 나에게는 결코 정죄함이 없습니다. 성령으로 말미암아 나는 죄와 사망으로부터 해방되었습니다. "진리를 알지니 진리가 너희를 자유하게 하리라."는 말씀을 믿으시기 바랍니다.

건물 성전도 없고, 레위지파 제사장도 없고, 소득의 십일조도 없다.

하나님의 나라는 죄와 사망의 저주 아래 갇혀있는 세상과는 구별된 나라입니다. 가인들은 어떤 영향력도 행사할 수 없습니다. 구약은 단지 진짜 성전 즉 완전한 것이 되는 그리스도 예수를 설명하기 위한 모델하우스였습니다.

바울은 갈라디아서에서 옛 예루살렘 성전을 이렇게 설명합니다. 하갈은 종으로, 사라는 자유를 누리는 여인으로. 그들은 각각 아들을 낳았습니다. 종의 아들은 세상의 방식으로 태어났고, 자유를 누리는 여인의 아들은 하나님의 언약을 따라 태어났습니다. 여종 하갈은 시내 산에서 하나님과 이스라엘 백성들 사이에서 체결된 언약을 뜻하고 그녀는 아울러 예루살렘 성전을 의미합니다. 따라서 그녀의 계보를 따르는 후손들은 종입니다. (이것은 율법으로부터 난 자들은 율법의 후손으로서 하나님의 자녀가 아닌 율법의 종이 됨을 뜻합니다.)

반면 사라는 우리의 어머니가 되는데 그녀는 하늘에 있는 예루살렘이며 그녀는 종이 아님을 바울은 증언합니다. 이삭이 하나님의 약속을 따라서 태어난 것같이 우리도 약속을 따라서 하늘에 있는 예루살렘 성전이 되는 사라의 계보를 따라서 태어났음을 말합니다.

정리하자면 이스마엘의 어미가 되는 하갈은 율법을 의미하고 예루살렘 옛 성전을 뜻합니다. 그러므로 그녀의 계보를 따라서 태어난 자들은 종이 되는 어미에게서 난 자들임으로 모두 율법의 종이 됩니다. 반면에 하나님 나라가 되는 산 자의 어미인 사라의 계보를 따라 난 자들은 이삭처럼 종이 아닌 하나님의 약속으로 말미암아 태어났음으로 자유를 누리게 됩니다.

복음을 믿음으로 하나님의 영을 선물로 얻은 성도는 모두 하나님의 약속을 따라서 자유를 누리는 하나님의 자녀로 태어났습니다. 아울러 하갈이라는 율법의 옛 예루살렘 성전은 무너지고, 사라라는 새 하늘과 땅 위에 성전이 세워집니다. 다음 성경을 살펴보면 더 자세히 성전의 의미를 이해할 수 있습니다.

요한복음 2:19~21(John 2:19~21)

19. "Destroy this temple." Jesus answered "and in three days I will build it again!"

"이 성전을 무너뜨리라." 예수께서 대답하여 이르시되 "그러면 내가 삼일 후에 다시 세우리라!" 하시니.

20. The leaders replied, "It took forty-six years to build this temple. What makes you think you can rebuild it in three days?"

지도자들이 대답하되 "이 성전을 짓는 데 45년이 걸렸거늘 당신은 어떻게 그것을 삼일 후에 다시 세울 수 있을 것이라고 생각하는가?" 하더라.

21. But Jesus was talking about his body as a temple.

하지만 예수께서는 성전으로서의 당신의 몸에 관하여 얘기하시는 것이더라.

구약은 완전한 것이 되시는 그리스도 예수를 설명하기 위한 몽학선생이었습니다. 하지만 이제 진짜 성전이 되시는 그리스도 예수께서 오셔서 저주를 짊어지고 십자가에서 죽으심으로 더 이상 율법을 의미하는 건물 성전은 존재할 수 없습니다. 그것이 건물 성전이 돌 위에 돌 하나 남지 않고 허물어져 율법이 하나님의 백성을 통제하지 못하는 이유입니다.

다윗 성전, 솔로몬 성전, 예루살렘 성전, 헤롯 성전이 무너진 이유도 동일합니다. 하나님은 사람이 손으로 지은 것에 섬김을 받지 않고, 특정한 장소를 지정하여 통치하지 않는다는 사실을 보여주는 것이 예루살렘 성전 파괴 사건입니다.

고린도전서 3:16~17(1 Corinthians 3:16~17)

16. All of you surely know that you are God's temple and that his Spirit lives in you.

너희가 하나님의 성전인 것과 그의 영이 너희 안에 내주하심을 너희가 확실히 알거니와

17. Together you are God's holy temple, and God will destroy anyone who destroys his temple.

너희는 모두 함께 하나님의 신령한 성전이니 누구든지 하나님의 성전을 무너뜨리는 자는 하나님께서 파멸하리라.

성전 되시는 그리스도 예수께서 사람의 마음 안에 영으로 침노해 들어오셔서 거주하고 계십니다. 그분으로 말미암아 모두 성전이 되었습니다. 하나님께서 당신의 이름을 두시기 위해서 유일하게 택하신 그곳, 바로 그분이 거주하시는 집, 성도가 성전입니다. 성전은 누구도 무너뜨리지 못하며 무너지지 않습니다. 성도 여러분이 하나님께서 영(성령, 그리스도 예수)으로 거주하고 계시는 성전임을 믿으시기 바랍니다.

하나님의 예정과 작정으로 성도는 온전한 십일조로 창조되었다.

　하나님께서는 태초에 하늘들(하나님 나라, 교회)과 땅을 지으셨습니다. 이것이 천지 창조입니다. 여기서 '천'은 구름이 떠다니는 하늘이 아닙니다. 시공간의 개념이 없는 무한 세상을 의미하며 낙원이기도 하고, 에덴동산이기도 합니다. 그곳에는 창세전 하나님의 계획에 따라 선택된 흠 없는 아들들이 영원히 죽지 않고 존재하는 하나님 나라입니다.

　아울러 하나님은 하늘과 더불어 땅을 지으셨습니다. 히브리서 기자가 증언하듯 땅은 하늘의 모형이고 그림자입니다. 그런데 이 땅에 adam(사람)이 지어졌습니다. 그리고 아담으로부터 인류가 형성되었고 이 땅 곳곳에 퍼져 나갔습니다.

　창세기는 최초의 양자가 되는 아담으로부터 시작된 인류를 두 부류의 족보로 나눕니다. 한 부류는 아벨과 셋으로 이어지는 경건한 자의 계보(하나님의 택함을 입은 아들들)를 따르는 사람들이고 다른 부류는 가인으로부터 시작된 경건치 아니한 자의 계보(스스로 옳고 그름의 차이를 아는 권능이 있다고 여기는 동성애자들)를 따르는 사람들입니다.

에베소서 1:4~11(Ephesians 1:4~11)

4. Before the world was created, God had Christ choose us to live with him and to be his holy and innocent and loving people.

　창세전에 하나님께서는 그리스도 예수로 하여금 우리를 선택하시어 그와 함께 살고 그의 신령하고 죄 없고 사랑스러운 백성이 되도록 하셨습니다.

5. God was kind and decided that Christ would choose us to be God's own adopted children.

하나님께서 자비하셔서 그리스도로 하여금 우리를 택하시어 하나님의 양자가 되도록 작정하셨습니다.

6. God was very kind to us because of the Son he dearly loves, and so we should praise God.

하나님께서 우리에게 은혜를 주심은 그가 매우 사랑하는 아들 때문이고 그러므로 우리는 하나님을 찬송해야 합니다.

7-8. Christ sacrificed his life's blood to set us free, which means that our sins are now forgiven. Christ did this because God was so kind to us. God has great wisdom and understanding.

그리스도께서는 우리를 해방시키려 그의 생명의 피를 화목 제물로 드렸고 그러므로 말미암아 우리의 죄는 이제 용서 받습니다. 그리스도께서 이것을 행하심은 하나님께서 우리에게 은혜를 주셨기 때문입니다. 하나님은 아주 현명하심으로 그리스도와 이를 합의하셨습니다.

9. and by what Christ has done, God has shown us his own mysterious ways.

또한 그리스도께서 이루심으로 하나님께서는 우리에게 그의 비밀스러운 태도를 보여주셨습니다.

10. Then when the time is right, God will do all that he has planned, and Christ will bring together everything in heaven and on earth.

그러므로 때가 이르면 하나님께서 그가 계획했던 모든 것을 행하실 것이고 그리스도 예수께서 하늘과 땅의 모든 것을 하나로 연합할 것입니다.

11. God always does what he plans, and that's why he appointed Christ to choose us.

하나님께서는 항상 계획하는 것을 행하십니다. 그것이 하나님께서 그리스도께서 우리를 택하도록 지명하신 이유입니다.

두 부류의 계보를 따르는 사람들 중에서 첫 번째 계보의 사람들 즉, 경건한 자의 계보를 따르는 사람들은, 에베소서의 증언처럼 이미 창세전에 하나님의 계획을 따라서, 태초에 천지가 지어질 때에 이미 영원의 세상에 이루어졌습니다.

반면, 경건치 아니한 자의 계보를 따르는 사람들은 육체에서 나와 육체로 돌아갈 자들이기 때문에, 태초에 말씀으로 태어나지 못했습니다. 그들의 아비는 땅(육체, 정죄)입니다. 그러므로 그들은 다시 땅(지옥, 감옥, 무덤)으로 돌아가게 됩니다. 그것이 가인부터 그의 후손들이 이 땅에 자신들의 이름을 내고 자신들의 이름으로 성을 쌓으며 지옥을 열심히 가꾸고 본인들 입장에서 유토피아로 만들어서 왕 노릇하는 이유입니다.

그들은 그렇게 자신들의 아비로부터 상급을 받고 그것을 누리고 있습니다. 그런데 하나님께서는 이미 하늘에서 이루어진 뜻이 되는 당신의 하늘들

즉 아들들이 되는 백성들도 경건치 아니한 자들의 계보를 따르는 땅의 아들들과 함께 이 세상으로 보내셨습니다. 그리고 단 한 명도 예외 없이 모두 가두셨습니다. 죄와 사망의 율법 아래 가두셨습니다. 가인의 후손들은 땅으로 돌아가서 영원히 그곳에 갇히게 됩니다.

하나님께서는 이 세상, 지옥을 경건치 아니한 자들의 계보를 따르는 마귀의 자식들, 창세전에 생명책에 이름이 기록되지 않은 자들에게 내어주셨습니다. 그들이 마음대로 왕 노릇해보라고 1260일 동안 이 땅(세상)을 그들에게 내어주셨습니다. 이미 택하신 당신의 백성들조차도 선악과를 따먹고 죄를 범함으로서 세상으로 쫓겨나도록 이끌었습니다. 그것은 하나님의 섭리입니다. 하나님은 선도 악도 합력하여 하나님께서 예정하신 선하신 일을 이루십니다. 하나님은 선하신 분이기에 그가 행하시는 모든 일은 선한 하나님의 일이고 능력입니다.

요한계시록 17:8(Revelation 17:8)

Everyone on earth whose names were not written in the book of life before the time of creation will be amazed.

창세전에 생명책에 그들의 이름이 기록되지 않은 땅의 모든 사람들은 놀랄 것이라.

예정론에 거부감을 갖거나, 인본주의 입장에서 인정하지 않는 사람들이 크게 오해하는 것이 있습니다. 사람에게는 자유 의지가 있다는 것입니다. 그래서 하나님을 향한 믿음과 구원에 대해 인간 스스로 선택한다고 주장합니다. 한편으로는 이미 구원이 예정되어있는데 왜 하나님을 믿어야 하냐고 되묻습니다.

인간의 시각으로는 상당히 논리적이고 그럴듯하게 들립니다. 하지만 구원은 하나님의 절대적 권한이고 능력이고 주권입니다. 하나님의 결심에 의해서 결정되기 때문에 피조물은 알 수 없습니다. 하지만 인간은 하나님의 섭리 안에서 분명히 두 가지 중 한 부류의 삶을 살게 됩니다.

이 세상(지옥, 옥, 무덤, 감옥)에 보내진 모든 피조물(인간)들은 처음에는 반드시 하나님의 말씀에 대하여 반하는 삶으로 인생을 시작합니다. 스스로가 하나님이라고 여기며 하나님처럼 옳고 그름의 차이를 아는 권능이 있다고 착각에 빠져서 자신을 하나님의 이름으로 숭배하는 동성애자로서 왕 노릇하는 벌거벗은 임금같이 살게 됩니다. 각자 자기 소견대로 판단하고 행하면서 말입니다. 그들은 자신의 자유의지에 의한 선택에 의해서 길을 잃고 생명을 잃고 죽는 것이 아닙니다. 스스로는 하나님이라고 굳게 믿고 자신이 죽은 줄 모르고 자신이 세상의 중심, 왕이라고 여깁니다. 모든 일련의 과정은 하나님의 일련의 섭리 안에서 펼쳐지는 하나님의 선하신 행함입니다.

처음에는 누구나 자신이 가진 단순한 정죄라는 가짜나무의 잎을 따서 그것으로 옷을 짜서 해 입고 자신이 가기를 원하는 곳은 어디든지 다니면서 왕 노릇하는 삶을 살게 됩니다. 이것은 인간의 자유의지에 의한 선택이 아닙니다.

다시 말씀드리지만, 하나님의 섭리 안에서 일어나는 역사입니다. 그런데 창세전에 예정과 작정에 의해서 택함을 입은 하나님의 백성들은 경건한 자들의 계보를 따라서 결국에 탕자처럼 세상에서 건져져서 생명을 얻게 됩니다.

그들은 길을 잃고 죽었습니다. 하지만 하나님의 은혜와 성령의 역사로 지옥에서 결국에 건져지게 됩니다. 그리고 이후로는 여전히 육체가 숭배하고 통제를 받는 옳고 그름이라는 죄와 사망의 이분법적 패러다임과 끊임없이 충돌하며 마음은 성령의 통치를 받으며 자신이 가기를 원치 않는 곳으로 이끌리는 환난과 고난의 삶, 십자가의 도를 따르는 삶을 살게 됩니다. 반면, 경건치 아니한 자들의 계보를 있는 가인의 후손들은 끝까지 스스로 옳고 그름의 차이를 아는 권능이 있다고 자부하며 하나님 흉내를 내고 왕 노릇하며 부끄러운 일을 행하며 악의 종노릇을 합니다. 그들은 위 요한계시록의 증언처럼 창세전에 생명책(성경)에 이름이 기록되지 않는 마귀의 자식들입니다. 그들은 마지막 때에 심판의 근거로 삼기 위해서 하나님께서 그렇게 사용하는 것입니다.

위에서 나열한 모든 내용들은 인간 입장에서는 이해할 수 없고 받아들일 수 없는 일입니다. 하나님이 어떻게 그럴 수 있냐고 따지고 듭니다. 하지만 하나님은 선하신 분입니다. 그러므로 그가 행하시는 모든 것은 선합니다. 더욱이 피조물이 되는 인간은 하나님의 절대 주권에 반기를 들거나 이의를 제기할 수 없습니다.

이 세상에 보내진 인간은 두 부류로 나뉩니다. 경건한 자의 계보를 따르는 자들과 그렇지 않은 자들로 말입니다. 여러분이나 저는 그게 누군지 모릅니다. 그러므로 우리는 노아나 바울처럼 때를 얻든지 못 얻든지 나를 포함해서 다른 사람들에게 끊임없이 복음을 들려주고 나눠주고 가르쳐주고 흘려보내 줘야 합니다.

헛것을 쫓으며 표적을 구하는 예수 무당들!
(여전히 표적과 하나님의 음성을 쫓는 사람들)

신앙 상담을 받겠다고 사역자들이나 신도들로부터 전화가 옵니다. 그들 대부분은 하나님의 음성을 듣고 싶다며 기도를 해달라고 합니다. 자신들은 나름대로 이제까지 열심히 하나님을 믿어왔다고 말합니다. 그들은 하나님의 음성을 듣는 것으로 자신들을 향한 하나님의 뜻이 무엇인지를 알고 싶어 합니다.

스스로 기도를 하면 하나님께서 응답을 주실 것인데, 구하고 찾고 두드리라는 성경의 권면을 외면하거나 소홀히 하면서, 하나님의 뜻을 알기를 바랍니다. 아울러 하나님께서 주시는 응답은 모두 자신들 입장에서 듣고 싶어 하는 얘기, 듣기 좋은 얘기, 소위 자신들에게 유익되는 것일 것이라고 확신합니다. 하지만 안타깝게도 하나님의 뜻은 그렇게 달콤하고 듣기 좋은 속삭임이 아닙니다. 사실 책망에 가깝습니다.

기도를 합니다. 그리고 바로 환상이 밀려옵니다. 온통 귀신 쫓아내는 축사, 병을 고치겠다고 기도하는 모습, 은사를 행하는 모습, 이적과 기적을 쫓는 그들의 마음, 방언 등 무당 잡교 짓을 일삼는 모습뿐입니다. 성령의 감동이 느껴집니다. 성령이 그들에게 묻습니다.

"네 안에 내가 있느냐?"

그들은 대답합니다. 당연하죠. 당연히 있다고 우깁니다. 그런데 성령은 계속해서 그들에게 묻습니다.

"네 안에 내가 있느냐?"

그리고 또 이렇게 감동을 줍니다.

"네가 이적과 표적을 구하나 내가 너에게 보여줄 표적은 요나의 표적 밖에는 없느니라. 내가 바로 너희가 찾는 표적이니라. 내가 바로 너희가 보고 경험해야 하는 표적이니라."

"너희가 해야 하는 하나님의 일, 곧 나의 일은 내 양을 치는 것이니라. 내 양을 친다는 것은 그들에게 꼴(양식)을 먹이는 것인데 네가 나의 양들에게 주어야 하는 꼴(양식)은 하나님의 입으로부터 나오는 말씀이니라. 그리고 너희가 말씀을 가지기 위해서는 오직 성령을 구하고 찾고 두드려야 하며, 성령을 얻어서 성령을 힘입어 성경에 감추어진 하나님의 말씀을 알고 깨달아야 하느니라." 하십니다.

그런데 그들은 끝까지 자신들은 헛된 것을 쫓은 적도 없고 자신들의 이익이나 영광을 위해서 은사나 능력을 구한 적도 없으며, 이적을 행한 적도 없다고 뻔뻔스럽게 말합니다. 성경 말씀은 읽지도 않거나, 숨겨진 뜻을 알려고도 하지 않고, 오직 눈에 보이는 것만을 쫓으면서도 하나님을 믿는다고 우깁니다.

아래 히브리서의 내용을 읽고, 믿어지는 것이 성령이 인도하는 신앙이고 참 믿음입니다. 이것이 그리스도 예수께서 당신께서 택하신 아들들에게 보여주시는 표적입니다. 성도들은 이 표적을 보아야 합니다. 이 표적 외에 다른 어떤 것도 그리스도 예수께로부터 오는 것이 아닙니다. 그가 나를 대표하여 빚 탕감을 위해서 영 단번(once and for all)의 십일조로 제물로 드려지시고 십자가에서 못 박혀 죽으심으로 완전히 해방되었음을 믿고 믿어지는 것이 그리스도 예수께서 보여주시는 표적을 경험하는 것이며, 표적의 주인공이 되는 것입니다.

히브리서 10:1, 10~14(Hebrew 10:1, 10~14)

1. The Law of Moses is like a shadow of the good things to come. This shadow isn't the good things themselves,

because it cannot free people from sin by the sacrifices that are offered year after year.

　모세의 율법은 장차 올 좋은 것의 그림자와 같으나, 이 그림자는 좋은 것 그 자체가 아니니 율법을 따라서 해마다 드려지는 제물로는 죄로부터 사람을 해방시킬 수 없기 때문이니라.

10. So we are made holy because Christ obeyed God and offered himself once for all.

　그리스도 예수께서 하나님께 순종하시고 당신 자신을 단번의 제물(십일조)로 드리심으로 우리가 거룩하게 되었느니라.

11. The priests do their work each day, and they keep on offering sacrifices that can never take away sins.

　제사장들은 매일 그들의 일을 하고 죄를 결코 없앨 수 없는 제물을 계속해서 드리나

12. But Christ offered himself as a sacrifice that is good forever. Now he is sitting at God's right side,

　그리스도 예수께서는 자신을 영원한 제물로 드리시고 이제 하나님의 우편에 앉아 계시니라. (성도를 성전 삼으셔서 내주하시는 그리스도 예수를 뜻함.)

13. and he will stay there until his enemies are put under his power.

그리고 그는 그의 적들이 그의 권능아래 놓여질 때까지 그곳에 계실 것이라. (육신을 입고 육신으로는 여전히 율법의 통제를 받는 성도가 구원을 이룰 때까지 영전전쟁을 통해서 양의 문으로 인도하실 것임을 뜻함.)

14. By his one sacrifice he has forever set free from sin the people he brings to God.

그가 영단번의 십일조 제물이 되어 드려짐으로 하나님께로 인도하는 사람들을 죄로부터 영원히 해방시켰느니라.

구원, 영생은 착각인가?

사도행전 1:4~5(ACTS 1:4~5)

4. While he was still with them, he said "Don't leave Jerusalem yet. Wait here for the Father to give you the Holy Spirit, just as I told you he has promised to do."

예수께서 여전히 제자들과 함께하시는 동안에 이르시되, "아직은 예루살렘을 떠나지 말라. 아버지께서(엘로힘 여호와, 하나님 아버지) 너희에게 성령을 주시기를 기다리라, 내가 너희에게 이른 것처럼 그가 너희에게 성령을 주시겠다."고 약속하셨느니라.

5. John baptized with water, but in a few days you will be baptized with the Holy Spirit.

요한은 물로 세례를 주었으나, 며칠 후에 너희는 성령(말씀)으로 세례를 받으리라.

인간이 똑똑한 것 같지만 결코 그렇지 않습니다. 왜냐하면 인간은 기껏해야 자신들이 눈으로 보고 귀로 듣고 직접 느낄 수 있는 것만을 믿기 때문입니다. 하나님은 태초부터 당신께서 살아계심과 우주 만물을 지으신 조물주임을 만물을 통해서 계시하고 있습니다. 만물의 이치를 보면 하나님의 영원한 능력과 신성을 알 수 있으며 이를 통해서 하나님이 살아계심을 알 수 있습니다. 이것이 사실입니다.

성령, 하나님, 그리스도 예수는 모두 같은 존재입니다. 사도행전에 쓰인 증거를 통해서 우리는 확신을 얻고 위로를 받습니다. 이제는 부분적인 것들이 아닌 완전한 것, 그리스도 예수시며, 말씀이신 성령이 하나님의 영원한 능력과 은사, 그리고 신성으로 택한 하나님의 아들들(성도, 나)을 지옥에서 구원하십니다.

하나님께서 주시겠다고 약속하신 성령은 실체가 있는 그리스도 예수입니다. 구원자입니다. 그는 언제 올지 모르는 그런 존재도 아니요, 언젠가 찾아올 막연한 존재도 아닙니다. 부활하신 예수께서 승천하시기 전에 분명히 말씀하셨습니다. 하나님께서 너희에게 성령을 보내 주실 것이고 너희는 말씀으로 옷 입혀져서 세례를 받을 것이라고 했습니다. 그리고 오순절 성령 강림절에 약속하셨던 성령이 각 사람 머리 위에 방언(혀, 영, 성령, 말씀)으로 임했습니다. 새 언약을 성취했습니다. 이제 성령이 성도를 선한 길로 인도하고 계십니다. 그는 그리스도 예수십니다.

회개는 성령을 구하고 찾고 두드리기만 하면 됩니다. 회개는 하나님께로 돌아가는 것을 말합니다. 때로는 어리석은 자들이 성경을 증명하겠다고 헛발질을 합니다. 설사 성경 원본이 사본으로 옮겨지면서 오류가 발생했다고 할지라도 문제 되지 않습니다. 왜냐하면 진리의 성령이 하나님의 입으로부터 나오는 말씀으로 성경을 풀어주시기 때문입니다.

정경이 완성되지 않았던 구약 시대나 복음이 전파되지 않은 지역에 사는 사람들 중에서도 구원 받은 사람은 있습니다. 모든 것이 다 멸해진다 할지라도 유일하게 남는 것은 오직 하나 바로 하나님의 입으로부터 나오는 말씀입니다. 곧 그리스도 예수입니다. 그리스도 예수께서 성령의 이름으로 오셨기에 이제 누구든지 이름을 믿기만 하면 구원을 값없는 선물로 얻습니다.

예수 믿으면 구원 받는가?

요한복음 3:16~18(John 3:16~18)

16. God loved the people of this world so much that he gave his only Son, so that everyone who has faith in him will have eternal life and never really die.

하나님께서 이 세상(지옥과 구별된 하나님 나라: 공간적, 지형적 개념이 아님.)의 백성들을 사랑하셨음으로 그가 그의 유일한 아들을 주셨고, 그로 인하여 그 아들을 믿는 사람들은 누구든지 영생을 얻고 결코 죽지 않으리라.(이는 곧 salvation(구원)을 의미함. 에베소서 1장)

17. God did not send his Son into the world to condemn its people. He sent him to save them!

하나님께서는 세상의 백성들을 심판(책망) 하시려고 그의 아들을 보내신 것이 아니요 세상 백성들을 구원하시려고 아들을 보냈음이라.

18. No one who has faith in God's Son will be condemned. But everyone who doesn't have faith in him has already been condemned for not having faith in God's only Son.

하나님의 아들을 믿는 사람들은 누구든지 심판(책망) 받지 않으나 그를 믿지 않는 사람들은 누구든지 하나님의 독생자를 믿지 않는 것에 대하여 이미 심판(책망)을 받았느니라.

예수님의 구원을 믿지 않고 따지는 사람들이 공통적으로 주장하는 것이 있습니다. 성경 어디에 '예수를 믿으면 구원 받는다.'라는 구절이 있는지 글자 그대로를 보여 달라고 합니다. 성경이 증언하는 핵심 내용이 죄와 사망으로부터 건져져서 영원히 죽지 않는 생명을 얻는 것에 관한 것이지만 요한복음 3:16~18을 살펴보도록 하겠습니다.

죄는 하나님의 말씀을 단순한 정죄로 오해하여 인간이 스스로 차이를 분별할 줄 안다고 여기고, 하나님 흉내를 내며 열심히 심판하는 것을 뜻합니다. 그러므로 인간은 단 한 사람도 예외 없이 죄를 범하게 된 것이고, 그에 대한 처벌로 죽음(사망, 영원한 사망)을 맞이할 수밖에 없을 뿐입니다. 그런데 하나님의 말씀(그리스도 예수, 성령)을 율법이 아닌 생명으로 믿으면 그 말씀이 내 마음(영혼)에 새겨집니다.

이것은 단순한 정죄에 통제받지 않음을 의미하고, 사망에 이르게 하는 율법과 아무런 상관이 없다는 것을 의미합니다. 그러면 생명을 잃을 이유가 없습니다. 그래서 영원히 죽지 않는 영생을 얻게 되는 것입니다. 여기서 오해해서는 안 되는 것이 있습니다. 영원히 죽지 않는다는 말을 육체의 영생으로 받아들이면 안 되는 것입니다.

인간의 육체는 땅에서 왔습니다. 그리고 반드시 왔던 곳으로 돌아갑니다. 육신은 반드시 죽는 것이고 죽은 육신은 다시 땅(흙)으로 돌아갑니다. 택함을 입은 하나님의 아들들은 생명을 땅(흙)에서 얻지 않았습니다. 성령(말씀)이 불어넣어짐으로 생명을 얻었습니다. 그 생명은 하나님의 입으로부터 왔습니다. 그러므로 성도는 육체의 영생을 누리는 것이 아니라 마음(영혼)이 생명을 얻어서 하나님께로 돌아가게 됩니다. 말 그대로 단순한 정죄와는 상관없는 존재로 말입니다. 이것이 요한복음 3:16~18이 증언하는 영생입니다.

하나님께서 보내신 그리스도 예수의 이름을 믿기만 하면 율법으로 심판받지 않게 되고, 그러므로 영원히 죽지 않게 됩니다. 그리고 실질적인 구원은 하나님께서 행하십니다.

　반면, 자신의 소견대로 심판관이 되어 세상을 심판하고 알맹이가 없는 의를 쌓으며, 썩어져 없어질 것을 쫓는 사람들은 저주 아래에 갇혀 있습니다. 그들은 자신들의 이름을 내고, 자신들의 이름으로 성을 쌓습니다. 그들 입장에서는 자신의 이득이 유토피아입니다. 하지만 죄와 사망의 저주 아래 갇혀 있는 그들은 영원히 죽음에서 벗어나지 못합니다. 그들에게는 생명이 없기에 육신이 죽으면 육신이 왔던 땅(흙)으로 돌아가야 합니다. 그곳이 그들의 본향입니다.

　또한 이미 하나님 나라는 임했습니다. 하나님 나라가 임했다는 것은 심판이 끝났다는 것입니다. 그들은 하나님 나라에 들어가지 못하고 정죄에 갇혀서, 자신들의 이름으로 열심히 의를 쌓으며 무거운 짐을 짊어지고 목적 없는 발길질을 하며 지옥에 갇혔습니다. 이미 하나님의 아들을 믿지 않는 사람들이 받은 심판입니다.

성경이 증언하는 동성애에 관한 고찰

하나님을 떠난 죽음의 상태가 죄입니다. 그것은 곧 동성애와 같은 끔찍한 죄입니다. 하나님을 떠난 자들을 성경은 동성애자로 비유합니다.

성경은 그리스도 예수에 관한 기록이고 하나님의 계시입니다. 율법, 윤리, 도덕, 교훈서가 아닙니다. 그런데 귀한 책에 뜬금없이 '동성애는 죄니 하지 말라'는 내용이 왜 기록되었을까요?

바울은 목숨 걸고 로마에 가려고 무단히 애를 썼습니다. 그는 기껏해야 동성애 하지 말라는 캠페인을 하려고 로마의 유대인들에게 서신을 보내고 로마에 가려고 했을까요? 하나님은 언약이 어떻게 성취되는지, 구원은 누구에게 주어지는지를 소돔과 고모라의 심판으로 아브라함에게 가르치고 계십니다.

아브라함은 조카 롯이 살고 있는 소돔을 하나님께서 심판하겠다고 하시니, 조카를 구원하고자 하나님께 나아가 간청합니다. 그는 소돔에 의인이 있다면 하나님께서 소돔을 멸하지 않으시겠냐고 하나님께 롯을 위해서 기도합니다. 과연 하나님께서 찾으시는 의인은 누구인가요? 율법을 열심히 잘 지키는 사람일까요? 아시다시피 율법은 430년 후에나 이스라엘 백성들을 통해서 주어졌습니다. 그러므로 소돔과 고모라 시대에 율법은 존재하지도 않습니다.

그런데 하나님은 어떤 의인을 찾고 계신 것일까요? 하나님께서 심판을 멸해주실 만큼 의로운 의인은 바로 그리스도 예수입니다. 말씀입니다. 이스라엘 백성들이 하나님의 심판을 피하고 출애굽 할 수 있었던 것은 그들의 공로 때문이 아니었습니다. 어린 양 그리스도 예수로 말미암아 그들은 빚을 탕감 받고 심판을 피할 수 있었습니다.(유월절)

이와 같이 소돔과 고모라가 하나님의 심판을 피하기 위해서는 그들에게 말씀이 있어야 합니다. 사람은 결코 어떤 행위로도 의로울 수 없고 그러므로 스스로를 구원할 수 없습니다. 하나님의 메신저(천사)가 아브라함을 생각하여 그의 조카 롯을 찾아갑니다. 롯 역시 아무런 자격이 없는 죽어 마땅한 죄인입니다. 하지만 아브라함의 중보로 롯에게 말씀되시는 그리스도 예수가 빛으로 찾아가십니다.

목자 되시고 빛, 생명이 되시며 말씀이신 그리스도 예수께서 길 잃은 어린 양 롯을 직접 찾아가서 영접하십니다. 하지만 인간의 소견대로 옳고 그름을 분별하며 왕 노릇하는 소돔과 고모라는 빛을 알아보지 못합니다. 빛이 어둠에 비치니 어둠이 드러납니다. 그들은 하나님의 존재를 알지만 하나님을 경외하지도 않고 감사하지도 않습니다. 그들은 오히려 가인처럼 자신의 소견대로 하나님을 대적하고 하나님을 자신의 육적 욕망을 채우는 도구로 이용하려고 합니다.

하나님의 말씀이 없는 자, 하나님을 인정하지 않고 하나님을 떠난 자, 하나님을 의인으로 갖고 있지 아니한 자들은 스스로를 왕이라고 여기며 스스로를 남편 삼아서 우상으로 섬기는 동성애자들과 같습니다. 그들이 바로 불의한 자들, 경건치 아니한 자들의 계보를 따르는 후사들입니다. 그들은 하나님을 창녀 취급합니다.

로마서 1:19~28 내용과도 맥락을 같이합니다. 성경이 증언하는 동성애는 단순히 문자적으로 생물학적 동성끼리의 성행위가 아닙니다. 스스로 옳고 그름의 차이를 알 수 있다며, 하나님 자리를 타고 넘어가서 하나님 흉내를 내며 하나님과 이혼한 불의한 자들, 하나님을 떠남으로 생명을 잃은 어둠의 자식들에게 나타나는 죄의 형태를 비유적으로 동성애를 예를 들어서 설명하고 있는 것입니다.

이는 바울이 로마서 1:19 이하에서 인간의 죄를 설명하는 내용에도 기록되어있습니다. 하나님을 떠난 인간들은 하나님을 창녀 취급하고 동성애와 같은 끔찍한 죄에 빠지게 됩니다. (하나님을 믿지 않는 사람들이 동성애를 한다는 것이 아닙니다. 하나님을 떠나있는 것 자체가 그만큼 끔찍한 죄라는 의미입니다.)

안식(구원)의 주인공이 되시겠습니까?
반역자(불순종)가 되시겠습니까?

히브리서 3:15~19 (Hebrew 3:15~19)

15. The Scriptures say, "If you hear his voice today, don't be stubborn like those who rebelled."

성경에 이르기를 "만일 너희가 오늘 그의 음성을 듣는다면 반역했던 사람들처럼 완고해지지 말라." 하십니다.

16. Who were those people that heard God's voice and rebelled? Weren't they the same ones that came out of Egypt with Moses?

하나님의 음성을 듣고도 반역한 사람들이 누구였습니까? 그들은 모세와 함께 이집트에서 나온 사람들이 아니었나요?

17. Who were the people that made God angry for forty years? Weren't they the ones that sinned and died in the desert?

누가 40년 동안 하나님을 분노하게 했나요? 광야에서 죄를 짓고 죽은 사람들이 아니었나요?

18. And who did God say would never enter his place of rest? Weren't they the ones that disobeyed him?

그리고 하나님은 누구에게 결코 그의 안식처에 들어갈 수 없다고 말쏨하셨나요? 하나님을 불순종한 사람들이 아니었나요?

19. We see that those people did not enter the place of rest because they did not have faith.

우리는 압니다. 그 사람들은 믿음이 없었기 때문에 안식처에 들어가지 않았습니다.

하나님께 순종한다는 것이 무슨 뜻입니까? 온전하게 지키지도 못할 십계명을 의미 없이 지키겠다고 욕심을 부리는 것인가요? 하나님께서 주신 계명을 율법으로 곡해하여 목숨 바쳐 지키겠다고 열심을 부리는 것이 순종인가요? 만일 그것이 순종이라면 모세와 함께 이집트에서 나온 사람들은 죄를 짓고 광야에서 죽어서는 안 됩니다.

오늘 히브리서 기자는 증언합니다. '우리가 하나님의 음성을 듣는다면.' 그렇다면 하나님의 음성을 듣는다는 것이 무엇입니까? 하나님은 소리도 없으시고, 더 이상 직통 계시도 없다는데, 우리가 어떻게 하나님의 음성을 들을 수 있습니까? 설명하자면, 우리는 길을 잃고 죽었습니다. 그리고 스스로 옷을 짜서 입고 왕이라고 여기며 어디로 가야 하는지 알지 못하고 원하는 곳으로 어디든지 다니면서 시체로 살고 있었습니다. 하지만 우리는 그리스도 예수를 통해서 하나님의 양자로 택하기로 예정하신 백성입니다. 그리고 하나님께서는 선택하신 아들들을 구원하시려고 당신의 맏아들을 성령으로 보내주셨습니다. 맏아들은 그리스도 예수입니다. 그분은 우리의 목자가 되십니다. 양은 목자의 음성을 알아듣습니다. 그리고 하나님의 부르심을 따라서 성령으로 오신 그리스도 예수는 어린양의 피를 부으며 당신의 양들을 찾아다니고 계셨습니다.

이제 성령이 말씀을 던지고 계십니다. 목자 되시는 그리스도 예수, 하나님의 음성과 같습니다. 양은 목자의 음성을 알아듣고 누구든지 성령이 해석해서 들려주는 성경을 통해, 하나님의 말씀을 깨닫게 되고 그것을 목자의 음성으로 알아듣습니다. 양들은 성령이 풀어주시는 성경을 하나님의 말씀으로 알아듣지 율법으로 곡해하여 잘못 알아듣지 않습니다. 그렇게 성령이 풀어주는 성경을 통해서 말씀을 알고 깨닫는 것이 하나님의 음성을 듣는 것입니다. 그것이 마음 판에 말씀을 새기는 것입니다. 그것이 하나님의 음성을 듣는 것이고 그것이 순종입니다. 그런데 하나님의 음성을 듣고도 음성에 귀 기울이지 않는 사람들이 있습니다.

하나님의 계명은 율법과 달리 생명을 주는 말씀입니다. 하나님은 태초에 천지를 지을 때부터, 이스라엘 백성들에게 행위의 기준을 판단하는 권한을 주신 적이 없습니다. 진리, 생명, 빛인 하나님의 계명을 율법으로 잘못 알아들은 것은 이스라엘 백성이었습니다.

하나님은 언제나 동일하게 당신께서 택하신 백성을 부르시고 말씀을 던지고 계십니다. 그러므로 누구도 못 들었다고 변명할 수 없습니다. 모세와 함께 이집트에서 나온 이스라엘 백성들은 하나님께서 말씀으로 그들에게 끊임없이 음성을 들려주셨지만, 그들은 음성에 귀 기울이지 않았습니다. 하나님께 순종하지 않았습니다. 그들은 스스로 정죄할 수 있는 권능이 있다고 여기며 자신들이 하나님이라고 착각에 빠진 머리가 뻣뻣한, 악인들이었기 때문입니다. 그것이 그들의 죄였습니다.

모세와 함께 이집트에서 나온 이스라엘 백성들이 그랬습니다. 그들은 죄의 삯으로 말미암아 그들과 함께 이집트를 나온 여호수아와 갈렙을 제외하고 모두 광야에서 죽었습니다. 율법적으로 변명한다면 그들은 누구보다 목숨 바쳐서 율법을 지켰고 지키려 애썼습니다. 하지만 하나님께서는 그런 그들이 죄를 저질러서 광야에서 죽었다고 하십니다. 율법의 행위는 의롭다 함을 얻을 수 없습니다. 율법은 행하면 무조건 죄를 낳습니다. 그러므로 그들은 자신들의 믿음대로 행한 대로 품삯을 얻었습니다. 율법의 행함으로 얻을 수 있는 품삯은 '사망' 말고는 없습니다.

하나님께서는 히브리서 기자의 증언을 통해서 말씀하십니다. 그런 그들이 불순종했다고 말입니다. 이제 순종과 불순종의 의미를 아시겠어요? 그런데 불순종의 원인은 바로 '불신'이라고 하나님께서 말씀하십니다. 불신의 품삯은 안식처를 유업으로 받지 못하고 광야에 묻히는 영원한 죽음입니다.

"의인은 율법의 행함이 아닌 오직 믿음으로 말미암아 살리라."

그러므로 누군가가 여러분에게 율법의 행함이 믿음이라고 선동한다면 그는 여러분을 지옥으로 이끄는 마귀입니다. 오늘 위 히브리서 성경을 깊이 상고하시기 바랍니다.

율법의 폐함(건물성전의 무너짐)
거룩한 성 새 예루살렘으로의 부활(산 자의 어미(사라), 온전한 십일조)

히브리서 10:1~12

1. 율법은 장차 나타날 좋은 것들의 그림자일 뿐이요, 실체가 아니므로, 해마다 계속해서 드리는 똑같은 희생 제사로써는 하나님께로 나오는 사람들을 완전하게 할 수 없습니다.

2. 그렇지 않다고 하면, 제사 드리는 사람들이 한 번 깨끗해진 다음에는, 그들은 더 이상 죄의식을 가지지 않을 것이고, 따라서 제사 드리는 일을 중단하지 않았겠습니까?

3. 그러나 제사에는, 해마다 죄를 회상시키는 효력이 있습니다.

4. 황소와 염소의 피가 죄를 없애 줄 수는 없습니다.

5. 그러므로 그리스도께서 세상에 오셨을 때에, 하나님께 이렇게 말씀하셨습니다. 주님은 제사와 예물을 원하지 않으셨습니다. 그래서 나에게 입히실 몸을 마련하셨습니다.

6. 주님은 번제와 속죄제를 기뻐하지 않으셨습니다.

7. 그래서 내가 말하였습니다. "보십시오, 하나님! 두루마리에 나를 두고 기록되어 있는 대로, 나는 주님의 뜻을 행하러 왔습니다."

8. 위에서 그리스도께서는 "주님은 제사와 예물과 번제와 속죄제를 원하지도 기뻐하지도 않으셨습니다." 하고 말씀하셨습니다. 이런 것들은 율법을 따라 바칩니다.

9. 다음에 말씀하시기를 "보십시오, 나는 주님의 뜻을 행하러 왔습니다." 하셨습니다. 그리스도께서는 두 번째 것을 세우시려고, 첫 번째 것을 폐하셨습니다.

10. 이 뜻을 따라서, 예수 그리스도께서 몸을 오직 한 번 바치심으로써, 우리는 거룩하게 되었습니다.

11. 모든 제사장은 날마다 서서, 직무를 행하고, 똑같은 제사를 거듭 드리지만, 그러한 제사가 죄를 없앨 수는 없습니다.

12. 그러나 그리스도께서는 죄를 사하시려고, 오직 한 번으로 영원히 유효한 제사를 드리신 뒤에 "하나님 오른쪽에 앉으셨습니다."

히브리서 기자의 증언입니다. 율법은 그림자이지 실체가 아닙니다. 율법은 육신(현세, 현상적인 것들)을 의미하기도 하는데 사람의 육체조차도 실체가 아닌 그림자라는 뜻입니다. 그러니 나를 포함하여 내가 속한 세상은 사실은 현실이니 아닌 꿈에 불과합니다. 그러므로 율법을 따라서 해마다 드리는 피의 희생 제사로는 사람을 완전하게 할 수 없습니다. 율법의 행위로는 의롭게 될 수 없다는 것입니다. 율법의 행위로는 사람은 스스로를 정결하게 할 수 없고, 거룩해질 수도 없고 속사람이 변할 수도 없음을 뜻합니다.

구약의 이스라엘 백성들이 구약 내내 피의 제사를 드린 이유이고 그로 말미암아 그들은 하나님의 책망을 받았습니다. 사람들은 종교적 열심에 빠져서 행위를 통해서 스스로 정결케 할 수 있고, 변화를 추구하며 하나님을 기쁘시게 할 수 있다고 굳게 믿습니다. 하지만 히브리서 기자의 증언처럼 모두 헛방입니다. 진리(복음)를 알지 못하고 스스로 옳고 그름의 차이를 구별하는 권능이 있다고 확신하는 자들은 자신의 소견대로 열심히 행하는 것입니다. 왜냐하면 육체(율법)는 목마름과 배고픔을 채우지 못하기 때문입니다.

그들은 육체가 종말에 이를 때까지 끊임없이 육체를 섬기며 율법의 통제를 받으며 열심히 행합니다. 하나님은 번제와 속죄제를 기뻐하지 않으십니다.

한편 그리스도 예수께서는 육체(율법, 하갈, 옛 성전)로 죽으셔서 육체를 폐하시고 두 번째의 것을 세우시기 위해서 오셨습니다. 그러면 두 번째의 것이 무엇입니까? 그것은 율법이 아닌 아가페적인 사랑입니다. 그것은 율법의 건물 성전이 아닌 그리스도 예수에 의해 세워지는 제3성전, 성도입니다. 삼일 만에 세워지는 성전입니다.

성전은 새 하늘과 새 땅입니다. 그리스도 예수께서는 당신 자신을 영단번의 제물로 바치셨고, 그로 말미암아 우리는 거룩해졌습니다. 이제 죄 사함에서 구원으로 넘어가기 위해서 우리는 복음을 믿어야 합니다. 복음을 믿는 믿음이 우리를 영생으로 인도합니다.

하나님 나라(하나님이 통치하는 곳, 천국)는 어디에 있고 언제 임하나요?

하나님 나라, 천국, 구원 등에 관한 많은 오해가 있습니다. 어떤 사람은 성경에 하나님 믿으면 구원 받고 천국에 간다는 말은 없다고 주장하기도 합니다.

누가복음 17:21(Luke 17:21)

21. There is no use saying Look! Here it is. (or Look! There it is.) God's kingdom is here with you.

보라, 하나님 나라가 여기 있다, 아니다 하나님 나라는 여기 있다 누가 말한들 소용이 없으니 이는 하나님 나라가 너희와 함께 있음이니라.

마태복음 3:2(Matthew 3:2)

2. He said, "Turn back to God! The kingdom of heaven will soon be here."

예수께서 이르시되 "회개하라 하나님 나라가 곧 임할 것이라."

마가복음 1:15(Mark 1:15)

15. He said "The time has come! God's kingdom will soon be here. Turn back to God and believe the good news!"

예수께서 이르시되 "때가 찼고 하나님 나라가 임했으니 회개하고 복음을 믿어라."

바울이 너희는 너희가 하나님의 성전임을 알지 못하느냐고 하죠? 바울이 괜히 이 말을 한 것이 아닙니다. 바울이 그냥 만들어낸 말이 아닙니다. heaven은 home of god(하나님의 집)을 의미합니다. 성경이 좀 연결이 되세요? 딱 떠오르는 것이 없으신가요? heaven은 '떡집 혹은 빵집'의 의미로 이해해도 됩니다. 그런데 떡집 혹은 빵집은 '베들레헴'을 뜻하고 이곳은 예수님께서 태어난 곳입니다. 그러면 예수께서 왜 베들레헴에서 태어났는지도 이해가 되시죠? 하나님의 집 성전은 하나님 나라, 천국입니다. 그런데 하나님의 집 성전은 바울의 증언처럼 복음을 믿어 동일한 성령을 값없는 선물로 받은 성도입니다. 예수께서 지속적으로 하나님 나라가 임했다고 전파하신 이유가 이것입니다.

하나님 나라는 단순히는 하나님이 통치하는 나라입니다. kingdom을 공간적, 장소적 개념으로 오해하면 안 됩니다. 하나님 말씀이고 성령인 그리스도 예수께서 통치하는 곳, 그리스도와 한 몸을 이룬 성도, 덮개에 의해 입혀진 룻(나), 모퉁이 돌 위에 세워진 집(교회, 성전, 성도)이 하나님 나라, kingdom입니다. 하나님 나라가 천국입니다. 그곳은 에덴입니다. 그곳을 통치하는 분은 하나님 말씀이고 성령인 그리스도 예수입니다. 그곳에는 선악이라는 율법이 존재하지 않습니다. 그러니 그곳에 사는 하나님의 아들 백성은 선악이라는 율법으로부터 자유 합니다. 그러므로 누구든지 그리스도의 복음을 듣고 믿어 동일하신 한 하나님으로부터 동일한 성령을 값없는 선물로 받았다면 그는 더 이상 선악이라는 율법에도 매이지 않습니다. 한편, kingdom은 하나님 그리스도 예수의 영적(말씀에 의한)인 통치를 뜻하기도 합니다. 그럼 좀 더 명확해졌죠?

나는 무엇이 선이고 무엇이 악인지 구분할 줄 아는 능력이 있다고 여기며 자기 보기에 옳은 대로 멋대로 소견대로 선과 악을 나누고 정의해서 열심히 행하면서 그것을 자기의 의로 여기고, 하나님께로부터 선과 악을 나누는 지혜를 얻었다며 세상과 사람들을 선과 악으로 나누어 판단하고 정죄하며 선을 이루겠다고 열심을 부리는 사람들은 하나님의 통치를 받는 자들도 아니요 하나님 나라도 아니요 하나님과는 아무런 상관이 없는 마귀의 자식입니다.

kingdom 하나님의 나라, 천국은 영 말씀인 그리스도 예수의 통치를 받는 나라입니다. 그곳에는 선악이라는 율법이 존재하지 않습니다. 그러므로 누구든지 말씀 그리스도 예수를 믿으면 그는 하나님의 통치를 받는 하나님 나라입니다. 하나님 나라는 천년왕국입니다. 그래서 제가 이제까지 예수님은 재림하셨고 하나님 나라, 천년왕국도 이미 임했다고 했던 것입니다. 사실은 제 주장이 아니라 하나님이신 예수님께서 하신 말씀이지만 말입니다.

한편, kingdom 천국은 the next world 혹은 the hereafter를 의미합니다. 다음 세상 혹은 사후 세계로 번역되는데 육신이 죽은 후 가게 되는 세상입니다. 바울이 직접 경험한 삼층 천, 무한세상 이미 이루어져 있는 하나님 나라를 뜻하기도 합니다.

정리하자면 누구든지 복음 그리스도 예수를 듣고 믿어 성령을 값없는 선물로 받은 성도는 선악이라는 율법과는 아무런 상관이 없는 하나님의 통치를 받는 하나님 나라, 천국, 천년왕국을 누리며 그리스도 예수와 더불어 삽니다. 반면, 자신은 무엇이 선이고 무엇이 악인지 구분할 줄 아는 권능이 있다고 여기며 열심히 선악의 율법을 행하는 자들은 생명을 잃고 심판받고 지옥을 삽니다. 그리고 육신이 죽으면 선악의 율법 지옥 세상에서 건져져서 천년왕국을 살던 성도들은 묵시의 세상에 이미 이루어진 하나님 나라(kingdom)로 들어 올려집니다. 하지만, 자신은 무엇이 선이고 무엇이 악인지 구분할 줄 아는 권능이 있다고 여기며 스스로 선악의 율법을 열심히 행하던 자들은 영원히 지옥에 갇히게 됩니다. 지옥은 선악의 율법 세상입니다.

이제 하나님 나라 천국은 어디에 있고 언제 임하는지 아셨나요? 왜 예수님께서 하나님 나라 천국이 임했다고 전파했는지 아셨나요? 여러분은 지금 어디에 있으세요? 천년왕국(천국, 하나님 나라) 아니면 지옥?

믿음의 조상 아브라함은 율법으로 구원받았나요?

요한복음 8:39~44(John 8:39~44)

39. The people said to Jesus "Abraham is our father!"
Jesus replied "If you were Abraham's children, you would do what Abraham did."
사람들이 대답하여 이르되 "아브라함은 우리 아버지라." 하니 예수께서 이르시되 "너희가 아브라함의 자녀(자손)이면 아브라함이 행한 것을 할 것인데."

40. "Instead you want to kill me for telling you the truth that God gave me. Abraham never did anything like that."
"너희는 하나님께 들은 진리를 말하고 있는 나를 죽이려 하는 도다. 아브라함은 이렇게 하지 아니하였느니라."

41. But you are doing exactly what your father does.
"Don't accuse us of having someone else as our father!" they said. "We just have one father, and he is God."
"너희는 너희 아비가 행하는 일을 하는 도다." 하시니 그들이 대답하되 "다른 사람을 우리 아버지라 하지 말라. 아버지는 한 분뿐이시니, 그는 하나님이시로다." 하니.

42. Jesus answered "If God were your Father you would love me, because I came from God and only from him. He sent

me. I did not come on my own."

예수께서 이르시되 "하나님이 너희 아버지라면 너희가 나를 사랑하리니 이는 내가 하나님께로부터 나와서 왔음이라. 나는 스스로 온 것이 아니니라."

43. Why can't you understand what I am talking about? Can't you stand to hear what I am saying?

어찌하여 너희는 내 말을 깨닫지 못하느냐? 너희가 내 말을 들으려 하지 않음이라.

44. Your father is the devil, and you do exactly what he wants. He has always been a murderer and a liar. There is nothing truthful about him. He speaks on his own, and everything he says is a lie. Not only is he a liar himself, but he is also the father of all lies.

너희 아비는 마귀니 너희는 아비가 원하는 대로(행하는 대로) 행하느니라 그는 항상 살인을 했고, 거짓말쟁이였고 진리를 알지 못함으로 자기 말을 하니 그가 하는 말은 모두 거짓말이라 그는 거짓말쟁이요 거짓말의 아비니라.

죄는 인간이 보기에 옳은 대로 행동하는 것이 죄입니다. 왜냐하면 그것은 하나님을 대적하는 것이기 때문입니다. 그리고 상태를 성경은 '죽었다'고 표현합니다. 사람은 세상 풍조인 율법을 따름으로 죄를 짓고 죽었습니다.

아브라함이 하나님의 택함을 입고 믿음의 조상이 된 것은 세상 풍조인 율법을 온전히 행위로서 행했기 때문이 아닙니다. 아브라함은 믿음으로 하나님의 택함을 입었고 믿음의 조상이 되었습니다. 그는 율법의 행위로서 그리되지 않았습니다. 왜냐하면 아브라함의 아버지는 마귀 선악의 율법이 아니요 말씀이며 그리스도 예수이신 하나님이기 때문입니다. 아브라함은 아버지에게 들은 대로 사람들에게 전했고 행했습니다. 율법을 행하지도 않았고 율법으로 사람들을 정죄하거나 심판하지도 않았습니다. 그러나 이스라엘 백성들은 율법을 행하면서 그것을 자신의 의로 여기는 자들이었습니다. 이스라엘 백성들은 하나님이나 아브라함이 아닌 선악의 율법을 아버지로 섬기는 자들이었기 때문에, 하나님이신 예수님마저도 정죄하고 심판했던 것입니다. 자신들이 하나님이라고 생각했기 때문입니다. 이스라엘 백성들은 살인자요 거짓말쟁이인 선악의 율법을 아비로 섬긴 마귀의 자식입니다.

온전한 십일조 하나님의 장자들은 야베스가 드린 기도를 드립니다!

역대 상 전반부는 아담을 시작으로 하나님께서 말씀으로 낳은 당신의 양자들의 족보와 그들의 삶이 기록되어 있습니다. 전반적인 내용은 이들이 하나님께서 주신 계명(온전한 십일조)을 잘 듣고(순종) 진의를 알고 깨달아서, 마음에 새길 때(Keep)에는 하나님의 통치를 받는 하나님 나라를 누리지만, 계명을 율법으로 오해하여, 각자 자기 보기에 옳은 대로 정의해서 열심히 행하면서, 하나님을 섬기겠다고 피의 제사를 드리고 목숨 걸고 율법을 행할 때에는 하나님과는 상관없이 율법에 매여서 세상 왕에게 종노릇하며 수고하고 무거운 짐을 지고 고된 삶을 사는 모습이 그려지고 있습니다.

다시 말해, 나는 무엇이 선이고 무엇이 악인지 구분할 줄 아는 권능이 없음을 알고 깨달아서 믿음으로 하나님을 믿고, 하나님만이 선악을 구분할 줄 아는 권능이 있는 통치자임을 고백하고 인정하면 그들은 말씀이며 하나님이신 그리스도 예수와 함께 왕 노릇하며 가나안에서 땅에 임한 천국을 누렸습니다. 하나님이 그들의 왕이 아니므로 그들은 선악의 율법이라는 세상 왕에게 순종하며 종노릇하고 고멜처럼 창녀로 살다가 결국에 처참히 버림받는 삶을 살았습니다.

이스라엘의 남 유다가 다윗 왕국과 솔로몬 왕국을 포함해서 멸망한 이유가 바로 그것입니다. 하나님 나라는 선악의 율법에 의한 땅에 소산, 가짜 열매로 세워지는 것이 아닙니다. 일련의 복음이 전개되는 과정에서 역대상 4장 10절에 '야베스의 기도'가 등장합니다. 과연 야베스의 기도를 통해서 성경은 무엇을 보여주려는 것일까요? 하나님의 택함을 입은 양자들이 구해야 할 것이 무엇인지, 다시 말해 기도는 무엇이고 하나님의 원함이 무엇인지를 보여주는 장면이 야베스의 기도입니다.

역대상 4:10(1 Chronicles 4:10)

10. One day he prayed to Israel's God, "Please bless me and give me a lot of land. Be with me so I will be safe from harm." And God did just what Jabez had asked.

어느 날, 야베스가 이스라엘의 하나님께 아뢰어 이르되 "주여, 저를 복되게 하시고 제가 여호와의 이름을 부르며 여호와를 예배하게 하옵소서. 그리하여 저와 함께하셔서, 저를 죄에서 건지셔서 자유하게 하시고 구원을 주시옵소서." 하였더니 하나님께서 그가 구한 것을 주셨더라.

야베스의 기도를 자세히 살펴보도록 하겠습니다. 우선 bless라는 동사를 보겠습니다. Bless는 창세기 1장부터 등장하는 단어입니다. 한글로 단순히 '복을 주다.'로 번역이 되어 많은 오해를 불러일으켰습니다. 이 단어의 뜻은 여러분이 일반적으로 알고 있는 "샤머니즘적인 복을 주다."가 아닙니다. 성경에 기록된 Bless는 하나님의 생명과 말씀을 의미하며, 죄와 사망으로부터의 구원을 뜻합니다.

야베스는 하나님의 원함을 알고 깨달아서 지금 그것을 구하고 있는 것입니다. 성령을 구하고 찾고 두드리고 있습니다. 단순 해석으로 야베스는 자신에게 많은 땅을 달라고 말하고 있습니다. 그러나 야베스가 구하고 있는 land는 '예배'를 뜻합니다. 또한 'Lord 여호와를 부르는 완곡한 표현'이기도 합니다. 지금 야베스는 하나님께 땅을 달라고 구하고 있는 것이 아닙니다. 성령을 구하고 찾고 두드리며 하나님의 이름을 부르고 있는 것입니다. 하나님을 찾고 있는 것입니다. 동시에 야베스는 하나님을 예배하기를 간구하는 것입니다. 그래야 자신이 선악의 죄와 사망으로부터 건져질 수 있음을 알기 때문입니다.

하나님이 아니면 자신을 죄와 사망으로부터 해방시킬 수 있는 존재가 없음을 알기 때문에 야베스는 지금 하나님의 이름을 부르며 하나님의 말씀을 구하고 있는 것입니다. 이것이 야베스의 기도입니다. 오늘날에도 하나님의 성도라면 누구나 야베스의 기도를 드립니다.

땅의 소산을 십일조로 하나님께 드리는 자들의
불의와 그들에게 임할 심판

이사야 1:18(Isaiah 1:18)

18. I, the LORD, invite you to come and talk it over. Your sins are scarlet red, but they will be whiter than snow or wool.
나 여호와가 너희를 초대하리니 오라 변론하자. 너희의 죄는 주홍 같으나 눈이나 양털보다도 더 희게 되리라.

이스라엘 백성들로 대표되는 교회는 하나님의 말씀을 열심히 지켜 행해야 하는 율법으로 오해하고 만일 지키지 않으면 하나님의 진노를 사게 되어 징벌을 받을 것이라 여겼습니다. 그들은 단순히 윤리, 도덕적 가치로 자신의 의를 강화하고 이기심과 탐심을 정당화하는 도구로 사용하였습니다. 수많은 제사와 절기를 지키려는 그들의 노력은 오직 자신들의 면죄부를 주기 위한 형식일 뿐이었습니다.

제사와 절기를 열심히 지켜 행했지만 그것으로 다른 이들을 정죄하고 심판하고 육신의 죄를 용서받는 요식 행위로써 그저 열심히 어린 양을 반복적으로 살해했습니다. 하나님의 입으로부터 나오는 진리의 말씀이 아닌 세상을 의지하며 고멜과 같이 썩어져 없어질 육의 것을 쫓아 간음하고 있었습니다. 사치스러운 거짓의 예복이었습니다. 진리의 말씀으로 입혀져 순수하고 깨끗한 '벌거벗음'의 상태로 있었던 자신들의 모습을, 정죄하고 부끄러워하며, 그들이 보기에 먹음직도 하고 보암직한 율법의 옷(rich clothes, scarlet red)을 입고 있던 것입니다. 성도가 입을 옷은 가죽 옷입니다. 진리의 말씀입니다. 그리스도 예수의 은혜와 사랑입니다.

이사야 1:19(Isaiah 1:19)

19. If you willingly obey me, the best crops in the land will be yours.

만일 너희가 나에게 기꺼이 순종하면 땅의 가장 좋은 곡식이 너희 것이 될 것이요.

순종(obey)이란 무엇입니까? 하나님의 말씀을 율법으로 열심히 지키고 행하는 것이 순종일까요? 순종이란 '잘 듣는 것, 귀 기울여서 듣는 것'을 뜻합니다. 행동에 따라 상 또는 벌을 받는다고 오해하며 사는 것은 불순종이고 불의입니다. 순종이란 하나님께서 그리스도 예수의 은혜와 사랑이라는 진리를 깨달아, 이를 마음에 새겨(keep), 그리스도의 신부로써 하나님이 거하실 성전으로 지어지는 것입니다.

말씀을 율법으로 오해하고, 타인을 정죄하는 것은 '정의'가 아닌 '불의'입니다. 성도가 진리를 깨달아 그리스도 예수의 은혜와 사랑 안에서 성전으로 지어지면 그는 하나님의 아들이 되며 하나님의 나라가 됩니다. 하나님 나라의 자녀들은 땅이 내는 최고의 양식 즉 진리의 말씀을 양식으로 입고 먹고 마시며 옷으로 덧입혀집니다.

이사야 1:20(Isaiah 1:20)

20. But if you turn against me, your enemies will kill you. I, the LORD, have spoken.

너희가 나에게서 돌아서 배반하면 너희 적들이 너희를 죽이리라 나 여호와가 말하였느니라.

하나님의 백성들이 믿고 의지해야 할 것은 그리스도 예수의 은혜와 사랑입니다. 진리의 말씀입니다. 그리스도 예수의 은혜와 사랑만이 하나님의 자녀에게 썩어져 없어질 육적 가치로부터 피할 방패이고, 산성입니다. 성도들에게 세상의 가치는 하나님의 말씀에 대적하는 적이고 사탄입니다. 육적 가치에 매여 선악이라는 죄와 사망의 종노릇하고 있는 내가 바로 사탄이고 하나님의 대적자입니다. 모든 죄는 사람으로부터 시작되고 육적 가치관이 생산하는 탐심입니다.

그러므로 성도는 그리스도 예수의 은혜와 사랑이 없이는 단 한순간도 죄로부터 자유 할 수 없습니다. 그리스도 예수의 은혜와 사랑을 의지하며 성전으로 지어지는 것을 거부하는 것이 바로 죄입니다. 율법이라는 선과 악은 우리를 사망에 이르게 하는 만나와 메추라기입니다.

이사야 1:21~22(Isaiah 1:21~22)

21. Jerusalem, you are like an unfaithful wife. Once your judges were honest and your people lived right now you are a city full of murderers.

예루살렘아 너는 마치 신실하지 않은 아내(신부)와 같도다. 예전에 너의 분별은 정직했고 네 백성들은 의롭게 살았으나 이제 너희는 살인자로 가득한 성읍이로다.

22. Your silver is fake, and your wine is watered down.

네 은은 거짓되고 네 포도주는 물로 희석되었도다.

하나님의 선택을 받은 성도는 하나님의 나라와 같습니다. 신부는 신랑의 은혜와 사랑 안에서 그의 보호를 받으며 살아가야 합니다. 단 한순간도 신랑의 품을 떠나서는 안 됩니다. 그런데 교회는 육의 자아와 가치를 따라 엉뚱한 신랑과 간음하며 열심히 제사와 절기를 지키며 수없이 살인을 저지릅니다. 유월절 어린 양의 살과 피로 출애굽 한 하나님의 아들들은 다시는 애굽으로 들어가서는 안 됩니다. 하지만 그들은 율법의 행위를 자신들의 가치로 삼으며 수없이 많은 어린 양을 도륙하는 살인을 저지릅니다.

순종이 제사보다 낫다는 주님의 말씀을 그들은 깨닫지 못했습니다. 하나님께서 말씀하시는 의와 순종은 노아의 의이고 노아의 순종입니다. 그는 방주를 만드는 120년 동안 사람들이 노아를 조롱할 때에도 자신의 육적 가치를 쫓지 않았습니다. 다른 이들을 정죄하지 않았습니다. 그는 오직 진리만을 전하였습니다. 하나님의 진리를 믿고 의지하며 생명의 양식을 전했습니다.

하나님의 의와 순종은 오직 그리스도 예수의 은혜와 사랑을 믿고 의지하며 하늘의 양식을 다른 이들과 나눔으로 선악과는 아무런 상관없는 생명을 전하는 것입니다. 하지만 하나님의 말씀을 진리로 깨닫지 못하고 자신이 선악 판단의 주체가 되어 스스로 건축자를 자처하여 성을 쌓으면 성은 하나님께서 거하실 처소로 지어질 수 없습니다. 성은 소돔성이 됩니다. 하나님의 말씀이 율법으로 오해되면 말씀은 혼탁한 말이 됩니다. 거짓 증거가 됩니다.

거저 받은 하늘양식 곧 온전한 십일조를 나누는 것이 이웃사랑입니다!

복음(Blessing, 사랑)은 오직 믿음과 은혜로 말미암아 아무런 조건 없이 거저 주어지는 값없는 선물입니다. 하늘의 복(온전한 십일조)을 받기 위해서 사람이 대가를 지불해야 하는 것이 아닙니다. 나와 생각이 다른 상대방을 향하여 손가락질을 하면서 사회 정의를 외치는 등의 열심을 부려야 받는 품삯이 아닙니다. 누구든지 주의 이름을 부르면서 자신이 죄(선악의 차이를 분별하는 권능이 있다고 여기고 세상을 선악으로 정죄하고 심판하며 왕 노릇하는 것.)인임을 인정하고 하나님의 도움을 청하는 사람은 구원 받습니다.

하나님은 사람을 구원하시면서 그에 상응하는 보수(각종 헌금 등)를 받지 않으십니다. 하나님은 창녀가 아닙니다. 하나님께서 동일한 구원의 은혜를 베풀어주신 당신의 성도들에게 보수를 받지 않으시는 것은, 구원이 가치가 없기 때문이 아닙니다. 구원은 가치가 없기 때문이 아니라 값을 매길 수 없을 정도로 매우 귀중하기 때문에 하나님께서 구원에 대한 대가를 요구하지 않으시는 것입니다. 그래서 구원을 값없는, 아니, 값을 매길 수 없는 은혜, 선물이라고 하는 것입니다.

그런데 자신들의 배를 섬기는 많은 거짓 선지자들이 구원의 은혜에 감사한다면 하나님께 헌금과 십일조를 드려야 한다고 선동하고 거짓말을 합니다. 만일 그렇지 않을 경우, 하나님께서 저주를 내리신다고 협박을 합니다. 신명기에서 하나님께서는 생업 활동을 통해서 얻은 품삯은 너희의 몸을 팔아서 얻은 더러운 것이라고 하십니다. 그런데 그것을 믿음이라는 이름으로 가져오는 것은 하나님을 창녀 취급하여 돈으로 사려는 것이라고 합니다. 감사나 믿음에서 기인하는 것이 아니라고 하십니다. 너희가 필요할 때에 너희가 원하는 것을 얻기 위해서 나를 이용하기 위해서 나를 돈으로 사는 것이라고 말씀하십니다.

더 이상 거짓 선지자들의 선동에 미혹되지 마시고, 헌금이나 십일조 하지 마십시오. 하나님을 창녀 취급하는 것은 용서받지 못할 죄입니다. 십일조는 그리스도 예수를 부정하는 사함이 없는 죄입니다! 온전한 십일조가 되시는 그리스도 예수께서 화목 제물로서 당신 자신을 드리시고 죄 사함을 위한 제사를 드리셨습니다. 그리고 하나님과 그의 아들들을 가로막고 있던 휘장 증오의 장벽이 무너졌습니다.

또한 죽은 자들(율법 세상) 가운데서 부활하셔서 율법을 이루시고 새 언약을 성취하셨습니다. 이제 더 이상 제물이 드려지는 제사는 드릴 필요가 없습니다. 제물(헌금, 십일조 등)이 드려지는 제사를 행해서는 안 됩니다. 그리스도 예수의 십자가 희생과 부활, 새 언약의 성취를 부정하는 것입니다. 성도는 온전한 십일조 되시는 그리스도 예수를 믿음으로 구원에 이르게 됩니다. 이제 더 이상 건물 성전도 존재하지 않고, 제물(십일조 등)이 드려지는 희생 제사도 드릴 필요가 없습니다. 오직 성령으로 재림하신 그리스도 예수 이름을 믿음으로 우리는 구원 받을 수 있습니다.

헌금, 십일조, 건축 헌금 등 각종 헌금을 믿음 혹은 신앙이라고 하면서 드려야 한다고 가르치고 선동하는 자들은 모두 종교 사기꾼이고, 거짓 선지자입니다.

포도나무와 가지, 생명나무와 열매
(온전한 십일조로 낳는 장자들 곧 성도)

요한복음 15:1~8(John 15:1~8)

1. Jesus said to his disciples I am the true vine, and my Father is the gardener.

예수께서 그의 제자들에게 이르시되 나는 참 포도나무라, 나의 아버지는 정원사시니라.

2. He cuts away every branch of mine that doesn't produce fruit. But he trims clean every branch that does produce fruit, so that it will produce even more fruit.

그는 열매를 맺지 않는 나의 모든 가지들을 잘라 버리시니라 하지만 열매를 맺는 가지들은 깨끗하게 다듬으시니라 그러면 가지들은 더 많은 열매를 맺을 것이니라.

3. You are already clean because of what I have said to you.

너희는 내가 너희에게 말한 말로 말미암아 이미 깨끗하게 되었느니라.

4. Stay joined to me, and I will stay joined to you. Just as a branch cannot produce fruit unless it stays joined to the vine, you cannot produce fruit unless you stay joined to me.

나와 함께하자 그러면 나도 너희와 함께하리라. 가지가 포도나무와 함께하지 않으면 열매를 맺을 수 없는 것과 같이, 너희가 나와 함께 있지 않으면 열매를 맺을 수 없느니라.

5. I am the vine, and you are the branches. If you stay joined to me, and I stay joined to you, then you will produce lots of fruit. But you cannot do anything without me.

나는 포도나무요 너희는 가지니라. 만일 너희가 나와 함께하면 나도 너희와 함께할 것이요 그러면 너희가 많은 열매를 맺을 것이니라. 하지만 나 없이는 너희가 아무것도 할 수 없느니라.

6. If you don't stay joined to me, you will be thrown away. You will be like dry branches that are gathered up and burned in a fire.

만일 너희가 나와 있지 않으면 너희는 버려질 것이라. 너희는 모아져서 불에 태워지는 마른 가지와 같을 것이니라.

7. Stay joined to me and let my teachings become part of you. Then you can pray for whatever you want, and your prayer will be answered.

그러므로 나와 함께 있어 나의 계명이 너희의 몫(부분)이 되게 하라. 그러면 너희는 무엇이든지 원하는 것을 위해 기도할 수 있고 너희 기도가 응답되리라.

8. When you become fruitful disciples of mine, my Father will be honored.

너희가 나의 유익한 제자가 되면, 나의 아버지께서 영광을 받으실 것이니라.

하나님은 포도원 농부, 포도원을 가꾸는 정원사입니다. 그리스도 예수(말씀)는 포도나무입니다. 성도는 포도나무의 가지요, 포도나무로부터 영양분(말씀)을 공급받아서 열매를 맺습니다. 그런데 가지가 포도나무로부터 오는 영양분을 거부하고 스스로 자신을 구원하겠다고 엉뚱한 양식(세상의 말)을 스스로에게 공급해주면 죄(율법적, 종교적, 윤리(도덕적) 열심에 의한 행위)를 낳게 됩니다. 포도나무가지에는 포도가 열매로 맺혀야 하는데 열매를 맺지 못한다면 당연히 포도원을 가꾸는 정원사가 아무 쓸모없는 가지를 잘라서 불에 태웁니다. 반면에 좋은 포도를 열매로 맺는 가지들은 정원사가 잘 가꾸고 돌봄으로 더 많은 열매를 맺게 됩니다. 예수께서 당신을 포도나무라 하시면서 제자들(교회, 성도)을 가지라고 하십니다. 그리고 그의 가지가 되는 '나'는 예수께서 하신 말씀으로 말미암아 이미 깨끗함을 입었다고 하십니다.

예수께서 하신 말씀이 이해가 되시나요? 내가 이미 깨끗하게 되었다 함은 '죄'와는 아무런 상관이 없는 자유를 얻게 되었다는 것이고 이미 죄 사함을 받았다는 뜻입니다. 그리고 죄의 삯은 사망입니다. 저주이고 심판입니다. 그러므로 그리스도 예수를 믿지 않는 사람들은 생명을 잃고 죽은 사람들입니다.

4절부터 예수께서 말씀하십니다. 열매를 맺지 못해서 정원사에 의해 잘려져서 타는 불에 던져지지 않으려면 가지에 열매가 맺혀야 한다고 하십니다. 그러기 위해서는 포도나무가 되시는 예수님의 가지로서 예수님과 함께 있어야 합니다.

그것은 연합(동침)을 의미합니다. 내가 복음을 믿음으로 성령(그리스도 예수)을 값없는 선물로 얻으면 성령이 나를 거처로 삼으셔서 내 안에 내주(live in)하십니다. 나는 그리스도의 교회로서 그리스도를 머리로 하는 교회의 일부(지체)가 되어 그와 한 몸(동침)을 이루는 것입니다. 그러면 비로소 창조와 구원이 이루어지게 됩니다. 남자(그리스도 예수, 신랑)와 여자(성도, 신부)가 한 몸을 이뤄서 그리스도의 형상으로서의 사람으로 부활하는 것입니다.

포도나무와 가지가 됩니다. 가지는 포도나무(말씀, 그리스도 예수)로 말미암아 풍성한 열매를 맺게 됩니다. 하나님께서 아브라함을 통해서 맺으신 언약이 성취되는 것입니다. 하늘의 별과 같이 바닷가의 모래와 같이 셀 수 없을 만큼 많은 영혼들이 복음(하나님의 말씀)으로 말미암아 하나님의 아들들(생육하고 번성하라!)이 태어나고 하나님 나라가 확장하게 됩니다. 그것만이 하나님께 영광이요, 하나님께서 받으시는 영광입니다.

자기 백성에게 양식이 되어주시는 온전한 십일조
"생명의 말씀, 여호와 하나님 그리스도 예수"

아직도 재림 예수를 기다리세요? 그럼 도대체 언제 구원받으실 거예요?

요한복음 1:1~4(John 1:1~4)

1. In the beginning was the one who is called the Word. The Word was with God and was truly God.
   태초에 말씀이 있었고. 그 말씀은 하나님과 함께 하셨으며 이 말씀은 하나님이셨느니라.

2. From the very beginning the Word was with God.
   그런데 그 말씀은 태초부터 하나님과 함께 하셨고

3. And with this Word, God created all things. Nothing was made without the Word. Everything that was created.
   하나님이 말씀으로 세상을 창조하셨으니 말씀이 없이 지어진 것이 하나도 없고

4. received its life from him, and his life gave light to everyone.
   하나님이 창조한 만물은 하나님으로부터 생명을 얻었으니 그의 생명은 모든 사람들의 빛이 되었느니라.

태초에 '말씀'이라고 불리는(현재적 인식으로써 성도들은 말씀이라고 부름.) 분이 계셨습니다. 말씀(그리스도 예수)은 하나님과 계셨고 진정으로 하나님이셨습니다. 태초부터 말씀과 함께 하나님께서는 만물을 지으셨습니다. 말씀 없이 지어진 것은 없었습니다. 지어진 모든 만물은 그리스도 예수로부터 생명을 얻었고 그의 생명 그리스도 예수는 모든 이들에게 빛을 주셨습니다.

여기서 The Word와 The One은 여호와 하나님이 되시는 그리스도 예수를 뜻합니다. 아울러 Everyone은 하나님의 택함을 입은 자기 나라 자기 백성을 뜻합니다. 태초에 사람이 지어질 때, 사람은 그리스도 예수께로부터 그의 생명을 얻어 하나님의 형상을 닮은 피조물로 지어졌습니다. 사람에게 빛 생명을 주신 것은 여호와 하나님입니다. 다시 말해 사람의 생명은 그분께로부터만 공급받는 것입니다.

그 생명 빛(light)은 어둠을 드러내는 생명의 빛입니다. 사람이 생명을 유지하기 위해서는 끊임없이 여호와 하나님으로부터 생명을 공급받아야 합니다. 생명은 하늘의 양식이고 온전한 십일조입니다. 생명의 말씀으로 말미암아 택함을 입은 당신 나라 당신 백성들은 생명을 얻어 그와 함께할 수 있습니다.

그 말씀이 오늘도 성도 여러분과 함께하시며 일용할 하늘의 양식을 공급해 주시며, 그분이 원하는 예비하신 처소로 인도하게 계십니다. 길이요 진리요 생명이 되시는 그분 없이 성도는 구원을 이룰 수 없습니다. 그러면 도대체 어떤 메시아, 어떤 재림 예수를 여러분은 여전히 기다리고 있나요? 그리스도 예수는 이미 재림하시어 성도 되는 여러분 안에 침노하시어 내주하시며 여러분을 지옥에서 생명으로 건져내고 계십니다.

온전한 십일조 하늘양식을 먹어야 구원에 이를 수 있습니다!

태초부터 여호와 하나님은 스스로 존재하시는 영적인 존재십니다. 그분께서 한 줌의 흙에서 온 사람에게 생명을 주셨습니다. 최초에 사람이 지어질 때, 사람은 말씀이 되시는 여호와 하나님 그리스도 예수와 한 몸 즉 연합을 이루고 있었습니다. 그분은 처음부터 육신으로 존재하지 않으셨습니다. 사람이 생명을 얻을 수 있었음은 육체의 예수를 믿었기 때문이 아닙니다. 성령(말씀)이 우리와 한 몸을 이뤄 연합이 되었기에 생명을 얻을 수 있었습니다. 호흡(성령)을 불어넣으셨다는 의미입니다.

하나님께서는 사람을 지으시고 복(Blessing)을 주셨습니다. 성경이 말씀하시는 하나님께서 사람에게 주신 복은 "생명의 말씀, 하늘의 양식, 온전한 십일조, 생명"입니다. 여러분들이 생각하는 잘 먹고 잘 살고, 출세하고 세상을 정복하고 자식 많이 낳고 등 그런 것 아니라는 말입니다.

Christ는 '크리스트' 그리스어로는 '크리스토스'(그리스도)입니다. 즉 기름 부음을 받은 자, 기름 부음을 받은, 기름으로 문지르다, 기름을 바른다는 의미입니다. 또 그리스도는 히브리어로 '마쉬아흐'(기름 부음을 받은)로 역시 메시아, 구원자를 의미합니다. 그런데 히브리어로 그리스도(마쉬아흐)는 '마아세르(십분의 일)'와 비슷한 발음, 어원입니다. 그리스도가 십일조라는 것까지 연결이 됩니다. 아울러 성경이 말씀하시는 사람에게 주신 복은 그리스도 예수를 통한 구원을 의미함을 알 수 있습니다. 그리스도는 제사장을 의미하기도 합니다. 그는 영원한 대제사장 멜기세덱입니다. 하나님께서 유일하게 기름을 부어 세우신 종입니다.

레위기 4:5 말씀으로 알 수 있듯이 제사장은 백성들을 대신하여 회막에 들어가서 죄 사함을 위해 피의 제사를 드리는 역할을 합니다. 하나님께서 세우신 대제사장 주의 종을 통해서만 구원에 이를 수 있음을 보여주는 그림자였습니다.

  위에서 언급했듯이 여호와 하나님 말씀 되시는 그리스도 예수로 말미암아 사람은 생명을 얻었습니다. 육신의 예수로 생명을 얻은 것이 아닙니다. 구약의 이스라엘 백성들 중에는 그리스도 예수(말씀, 영, 성령)를 믿고 그와 연합을 이뤄 구원에 이른 사람들이 분명 있었습니다. 대표적인 인물이 다윗과 솔로몬입니다. 그들이 믿은 것은 그리스도 예수입니다. 다윗이 부하의 아내를 강간한 후에 자백하며 했던 말을 여러분들은 알고 있습니다.

  "주여 주의 성령(말씀, 생명, 그리스도 예수)을 제게서 거두지 마옵소서."

  예수는 진리의 말씀(영, 성령)을 담고 있는 율법의 모습으로 오셨습니다. 그는 회막 안으로 끌려 들어가는 화목 제물(영단 번의 십일조 제물)이 되어 하나님께 드려지기 위해 오셨습니다. 그리고 율법의 예수, 모퉁이 돌이 찢어지고 깨짐으로 비로소 숨겨져 있던 하늘의 비밀이 세상을 비추는 빛으로 드러나게 된 것입니다. 그는 부활하신 그리스도 예수요 아니 태초부터, 창세전부터 영존하고 계시는 여호와 하나님 그리스도 예수십니다. 아담이 믿던 하나님, 아브라함, 이삭, 야곱, 다윗, 솔로몬이 믿었고 동행했던 하나님이 바로 여호와 하나님이시고 그리스도 예수십니다.

온전한 십일조를 구하지 않는 이 시대에 수많은 소돔과 고모라가 있다!

반복하여 말씀드리지만 소돔과 고모라는 하나님께서 성도들과 믿지 않는 자들에게 그리스도 예수의 사랑과 은혜 없이는 인간이 인간의 노력으로 성취한 가치는 무용지물이며 인간을 구원할 수 없음을 보여주는 본보기입니다.

소돔과 고모라는 선과 악이라는 인간의 이성과 논리 그리고 가치가 만든 율법 아래에서 인간에 의해 세워진 지상낙원이었습니다. 유토피아였습니다. 하지만 선과 악이라는 율법 아래에서는 사망의 법이 죄를 생산하기 때문에 인간은 죄에 결박되어 종노릇을 할 수밖에 없습니다. 왜냐하면, 인간의 가치와 판단으로는 선도 악이 될 수 있고 악도 선이 될 수 있기 때문입니다.

하나님께서는 아브라함과 후세의 인간들에게 강력한 메시지를 던지고 계십니다.

그리스도 예수의 사랑과 은혜 생명의 씨앗이 되는 진리가 없는 인간 세상은 영원한 멸망이며 땅의 세상은 나그네들이 잠시 잠깐 머무는 썩어져 없어질 피밭임을 가르치고 계십니다.

아브라함조차도 아직은 그리스도 예수와 하나로 연합된 진리가 되지 못했기에, 그조차도 소돔과 고모라를 구원할 수 없었던 것입니다. 하나님이 정하신 때가 아직 차지 않았음으로 아브라함도 진리를 깨닫지 못했고 생명의 씨앗도 가질 수 없었습니다. 그러므로 아브라함은 아직은 소돔과 고모라에 그리스도 예수의 사랑과 은혜라는 진리를 전하지 못했던 것입니다.

그의 조카 롯도 마찬가지였습니다. 그는 생명의 씨앗을 가지지 못한 자였습니다. 하지만 자격 없는 그에게 그리스도 예수의 은혜가 임함으로 구원받게 된 것입니다. 진리를 깨닫지 못함으로 비 진리의 씨앗을 가지고 있던 롯과 신랑 되시는 그리스도 예수를 만나지 못했으므로 자신들의 생각으로 엉뚱한 신랑으로부터 씨앗을 받으려 했던 롯의 딸들은 결국 약속의 후손이 아닌 썩어져 없어질 율법의 후손을 낳게 됩니다. 하지만 롯에게는 그리스도 예수의 사랑과 은혜가 본인의 의지와는 상관없이 임했기에 성경은 그를 의인이라고 칭합니다.

인간은 선과 악의 율법에 갇혀 있음으로 눈으로 볼 수 있는 것과 귀로 들리는 것만을 믿고 추구합니다. 그것이 인간 사회의 정의, 윤리, 도덕 그리고 가치입니다. 하지만 소돔과 고모라 이야기나 노아의 방주 이야기로 알 수 있듯이 인간이 추구하는 선악적 가치는 결코 세상을 구원할 수 없습니다. 소돔과 고모라 그리고 노아 시대의 세상은 인간의 윤리적, 성적 타락으로 심판받은 것이 아닙니다. 소돔과 고모라는 최고의 유토피아였고 노아가 120년간 진리를 외치며 방주를 만드는 동안에도 인간은 오히려 그를 조롱하며 입고 먹고 마시며 혼인했습니다.

성경은 하나님과 하나로 연합되어 그의 신부로 살아야 하는 인간이 하나님을 떠나 세상의 신부로 살아가는 것을 음란, 간음, 행음, 수간 그리고 동성애 등으로 간주합니다. 인간의 선악 기준에 어긋나는 행위가 타락이 아니며 하나님의 사랑과 은혜를 붙들지 않고 자신의 노력으로 살아가려는 인간의 자기 성 쌓기가 타락이고 하나님과 이혼한 상태인 것입니다. 인간의 선악 기준에 따른 사회정의, 윤리, 도덕적 가치를 추구하여 살기 좋은 인간 세상을 만드는 것이 하나님의 공의가 아닙니다. 인간을 영원한 사망에서 건져낼 수 없습니다. 인간으로서 세상을 살아가는데 마땅히 따라야 하는 인간 세상의 보편적 가치일 뿐입니다. 가이사의 것은 가이사에게 맡기십시오.

일곱 촛대의 기름이 모두 쏟아져 진리의 말씀이 전해지지 않으면 세상은 심판을 받게 됩니다. 그리스도 예수라는 진리가 없음으로 심판받습니다. 윤리, 도덕적 행위로 심판받는 것이 아닙니다. 그러므로 서로 사랑하십시오. 그리고 그리스도 예수의 사랑과 은혜라는 겉옷을 세상에 나눠주십시오.

빚, 보증
(온전한 십일조 그리스도 예수)

잠언 20:16(Proverbs 20:16)

16. You deserve to lose your coat if you loan it to someone to guarantee payment for the debt of a stranger.

너희가 만일 너의 겉옷을 낯선 사람의 빚보증을 위해 빌려준다면 너희는 그것을 잃을 만하니라.

잠언에는 여러분들이 알다시피 빚보증에 대한 말씀들이 기록되어 있습니다. 그리고 많은 사람들은 그 말씀을 다른 사람들에게 함부로 빚보증 서지 말라는 하나님의 가르침으로 오해합니다. 우리는 단 한 사람도 예외 없이 죽어 마땅한 죄인입니다. 죄의 삯은 사망입니다. 죗값을 완전히 지불하고 탕감 받기 위해서는 우리 자신이 죽든가 다른 누군가가 나를 대신하여 죗값을 지불해야 합니다. 다시 말해 우리에게는 선택의 여지가 없습니다. 누구도 나의 죗값을 대신하여 빚보증을 서고 죽어 주지 않기 때문입니다. 그런데 나의 영원한 신랑이 되시는 그분, 그리스도 예수께서 나를 대신하여 죗값을 단번에 탕감해 주셨습니다.

죗값을 탕감 받기 위해서는 흠 없고 점 없는 영단 번의 제물이 드려져야 합니다. 그것을 통해서만 죗값 빚은 완전히 탕감될 수 있습니다. 죽어야 하는 나를 대신하여 그리스도 예수께서 하나님께 대신 빚보증을 서 주셨습니다. 나의 빚을 그리스도 예수께서 영단 번에 탕감 받도록 온전한 십일조가 되시어 드려지셨습니다. 빚보증을 서 주셨습니다. 빚보증은 나의 생명을 위한 보증입니다.

그러므로 이제 그리스도 예수께서는 나에게 빚을 지셨습니다. 나는 그분께로부터 빛(Blessing)을 달라고 요구(ask)할 수 있고, 그분께서는 누구든지 당신이 대신 서 주신 빚보증으로 말미암아 빚을 달라고 구하고 찾고 두드리면 주신다고 하십니다. 그것은 성도들의 일용할 양식입니다. 그것은 성도들이 마땅히 받아야 하는 복(Blessing)입니다. 그것은 의에 대하여 죄에 대하여 심판에 대하여 알게 하시는 성령(말씀)입니다.

여러분은 이제까지 뭘 구하고 찾고 두드리고 있었나요? 빚을 신랑께로부터 받으십시오. 그러면 여러분은 불의한 청지기가 됩니다. 그분이 여러분을 위해 보증 서 주신 빚으로 말미암아 여러분은 모든 빚을 탕감 받고 생명이라는 겉옷을 값없는 선물로 받았습니다. 거저 받은 선물(Coat)을 또 다른 강도 만난 낯선 사람들에게 거저 빌려줌으로 그의 빚을 탕감 받도록 해야 합니다. 그것이 하나님 사랑, 이웃 사랑, 행함이 있는 믿음입니다!

온전한 십일조 양식을 가진 히브리 사람
이스라엘의 행함이 있는 믿음

창세기 6:9(Genesis 6:9)

9. Noah was the only person who lived right and obeyed God.
노아만이 의롭게 살았고 하나님을 순종(경청)한 유일한 사람이었더라.

베드로후서 2:5(2 Peter 2:5)

5. And during Noah's time, God did not have pity on the ungodly people of the world. He destroyed them with a flood, though he did save eight people, including Noah, who preached the truth.

노아의 시대에 하나님께서는 세상의 믿지 않는 사람들에게 긍휼을 베풀지 않으셨느니라. 하나님께서는 그들을 홍수로 멸하셨지만 진리를 설교했던 노아를 포함하여 여덟 명을 구하셨느니라.

하나님의 의, 공의(right)가 무엇일까요? 하나님 나라의 일과 관련이 있습니다. 하나님 나라의 일은 '하나님과 그를 보내신 이를 아는 일에 힘쓰고 하나님께서 보내신 이를 다른 사람들에게 전파'하는 것입니다. '하나님 사랑, 이웃 사랑'으로 귀결됩니다. 하나님의 의를 행하면 '하나님 사랑, 이웃 사랑'을 행하고 실천하는 것입니다. 하나님을 아는 것은 '들음'(listen to, hear)에서 시작됩니다. 하나님의 말씀을 전해 듣고 그것을 선악의 엉뚱한 율법이 아니라 '좋은 씨앗, 하늘의 양식, 목자의 음성'으로 잘 듣는 것이 순종입니다. 하나님의 말씀(진리)을 잘 듣고(순종) 다른 이들에게 전파(preach*) 하며

'좋은 씨앗, 하늘의 양식, 생명, 그리스도 예수, 은혜와 사랑'을 영원한 목마름과 배고픔에 빠져 있는 '병든 자, 죽은 자'들에게 나눠주는 것이 '순종, 행함이 있는 이웃 사랑'입니다.

믿음은 들음(순종)에서 나고 보내심을 입은 자(성도)가 아니면 말씀(진리)을 전파할 수 없다고 하셨습니다. 노아처럼 때를 얻든지 못 얻든지 진리를 전파하면 그것이 기도입니다. 쉬지 말고 기도하는 것입니다. 말씀을 구하고 찾고 두드리는 것임으로 깨어 기도하는 것입니다. 지상의 교회와 성도는 진리(말씀)를 전파하도록 보내심을 입었습니다.

전파(설교), 의와ㆍ공의 → 들음(순종) → 믿음

성도가 십자가의 메시지를 전파하면 택함 받은 자들은 좋은 씨앗에 의해 알곡(양)으로 맺혀져서 양치기(목자)의 음성을 알아듣고 '양의 문'을 열고 들어가서 목자와 함께 먹고 마십니다. 성경은 말씀하십니다. 노아가 방주에 들어가서 안식을 누릴 수 있었던 것은 그가 하나님의 말씀을 잘 듣고(순종) 그것을 전파했기 때문입니다. 열심히 노력했기 때문에 안식을 누리는 택함을 입은 것이 아닙니다.

반면 노아가 세상에 지속적으로 진리를 설교하며 하나님의 일을 행하고 순종하며 '의와 죄와 심판에 대하여' 전파하였음에도 '진리'의 음성을 듣지 아니한(불순종) 세상의 사람들은 자신들이 주체가 되어 선악의 율법을 가치 삼아 자기들이 보기에 옳은 대로 열심히 행하다가 결국 말씀과 같은 홍수에 의해 처참히 심판받고 영벌에 처해졌습니다. 주님께서는 말씀을 따른 자를 책망하지 않으십니다. 지상의 성도는 모두 노아와 같은 부르심과 보내심을 입었습니다. 진리와 의에 대하여 전파해야 합니다. 그것이 '하나님 사랑, 이웃 사랑'입니다.

　때가 차서 지상의 모든 곡식이 익어 추수할 때가 되면 추수하는 자가 가라지는 모두 불에 던질 것입니다. 하나님이 정해 놓은 때가 차면 죄의 종과 하나님의 품꾼이 심판대에서 나뉩니다.

　* Preach: 전파하다, 설교하다.

온전한 십일조 포도나무, 두 그루의 나무, 한 그루의 나무

창세기 2:7~9(Genesis 2:7~9)

7. The Lord God took a handful of soil and made a man. God breathed life into the man and the man started breathing.
여호와께서 한 줌의 흙으로 사람을 만드시고, 그 사람에게 생명 곧 말씀(생기)을 불어넣으시니 하나님의 말씀을 가진 생령이 되니라.

8. The Lord made a garden in a place called Eden, which was in the east, and he put the man there.
여호와께서 동산(하나님 나라)을 만드시고 그 사람을 그곳에 두고

9. The Lord God placed all kinds of beautiful trees and fruit trees in the garden. Two other trees were in the middle of the garden. One of the trees gave life - the other gave the power to know the difference right and wrong.
또 각종 아름다운 나무와 과일나무를 두셨는데 그중에 두 그루가 동산 중앙에 있더라. 그중 한 그루는 생명을 주었고, 그 생명을 주는 또 다른 나무가 선악의 차이를 알게 하는 권능도 주었더라.

우리가 이미 알고 있듯이 첫 창조는 '하나님의 영광 안에서 어린 양의 피를 부으며, 누군가의 이름(하나님의 아들)을 부르는 소리'가 진리(그리스도 예수, 성경)를 말하기 시작함으로 성취됩니다. 그러므로 천상(하나님의 나라)에는 the heavens(하나님의 집, 교회)가 완성되었고, 땅에는 the earth(율법적 세상)가 완성되었습니다. 그리고 하나님의 아들 되시는 그리스도 예수께서 한 줌의 흙으로 사람을 만들어 유한의 역사 속에서 죄의 옷을 입은 하나님의 자녀들이 어떻게 진리로 완성돼 가는지 새 창조의 이야기가 시작됩니다.

 2:7절에서 여호와 하나님께서는 한 줌의 흙으로 만들어져 죽은 존재였던 사람에게 life는 생명력을 불어넣으심으로 사람은 비로소 호흡을 합니다. life는 God과 같은 의미를 가지는데 '진리의 말씀, 어린 양의 피, 올리브 오일'을 뜻합니다. 타락한 집(흙)으로 육신의 옷을 입은 사람은 오직 그리스도 예수의 사랑과 은혜로만 생명력 있는 호흡을 할 수 있습니다. 에덴동산(지상천국)에서의 구원을 통한 교회(성도)의 완성은 진리의 말씀으로만 성취된다고 하십니다. 요한복음 20:22(John)의 말씀과도 일맥상통합니다.

요한복음 20:22(John 20:22)
 22. Then he breathed on them and said "Receive the Holy Spirit."
 그런 후에 부활하신 예수께서 그들에게 호흡을 불어넣으시며 이르시되 "성령을 받아라." 하시더라.

 이는 우리와 더불어 십자가에서 못 박혀 죽으시고 부활하신 그리스도 예수께서 하늘로 올라가시기 전에, 그를 믿는 교회에게 새 생명을 주셨음을 뜻합니다. 죄의 옷을 입고 있는 우리 각자는 그리스도 예수로부터 호흡(생명력, 진리의 말씀)을 받아 죄로 가득한 옛 옷을 벗고 그리스도 예수로 옷 입음으로 부활 영생할 수 있습니다.

 이제 다시 오늘 본문의 2:8~9 말씀을 나누겠습니다. 여호와 하나님께서는 새 창조의 시작을 위해 역사라는 유한의 세상에 사람을 만드시고, 그가 하나님의 아들로 완성되어 구원받게 될 교회, 하나님 나라의 그림자로써, 역사 속에 Eden, 지상천국(진리의 말씀이 풍성한 곳)을 만들었습니다. 인간은 구원의 과정을 거쳐 하늘들, 교회로 완성되며, 혼돈과 공허와 흑암의 육 땅은 불의 심판으로 멸망합니다.

에덴은 Garden(동산)으로 불립니다. 그런데 garden은 구원의 비밀을 담고 있는 열쇠입니다. garden의 어원을 살펴보면 '담으로 두르다, 울타리를 친 성전' 등의 의미를 가지고 있습니다.

다시 반복하여 말하자면 Eden(Garden)은 무한의 천상 세계에 이미 만들어진 하나님의 나라와 그의 백성들(성도들)의 '실상과 증거'로써 땅 위에 모형과 그림자로 계시되고 있는 '지상천국'인 것입니다. 즉, 더럽힘과 훼손됨과 타락의 상징인 흙 위에 세워진 이 저주의 바다에서 진리의 말씀(포도주, 올리브오일)이라는 그물에 건져져 진리로 완성되는 택함 받은 하나님의 자녀들이 사는 the earth(지옥)에서 천국의 삶을 누리게 될 성도가 살아가게 될 역사 속 인생이 바로 Eden(Garden)입니다.

또한 Garden은 말뚝, 기둥, 함께 나눈다는 어원을 가지는데 죄로 가득한 육의 옷을 입고 있는 성도들(교회)이 '그리스도 예수'라는 언약의 기둥으로 말미암아 Life로 완성될 것임을 계시하는 것입니다. 즉, 육의 세상에 언약의 기둥이 세워짐으로 지상 천국은 완성되는 것입니다. 그리스도 예수께서 십자가를 통해 성취할 구원 언약의 십자가가 세워질 곳이 바로 Eden(Garden)입니다. 에덴동산은 죄로 가득한 육의 옷을 입고 진리의 말씀 그리스도 예수 안에서 '거룩한 하나님의 나라' 즉 새 하늘과 새 땅으로 거듭날 우리 자신을 뜻합니다. 그리스도 예수와 그의 신부로써, 아들로서 연합되어 우리 자신이 진리가 되면 우리의 육은 멸망(종말) 당하고 우리의 영은 새 옷으로 갈아입고 영원한 나라, 천국에 들어가게 됩니다.

한편, 9절을 보면 여호와 하나님께서는 동산에 '온갖 아름다운 나무들과 과일 나무들을 두셨습니다.'라는 구절과 요한계시록을 통해 에덴동산 중앙에 있던 trees(나무)의 정체를 알 수 있습니다. (계 2:7, 계 22:1~2)

요한계시록 2:7(Revelation 2:7)

7. If you have ears, listen to what the Spirit says to the churches. I will let everyone who wins the victory eat from the life-giving tree in God's wonderful garden.

만일 너희들에게 귀가 있다면 성령이 교회에게 하는 말씀에 귀를 기울이라. 내가 이기는 자는 누구든지 하나님의 아름다운 동산에 있는 생명을 주는 나무의 열매를 먹도록 하리라.

trees의 어원을 살펴보면 '변함없는, 진리'라는 의미를 가지며, 아울러 heavenly rivers(천국의 강, 생수의 양쪽에 서 있는 나무)를 뜻합니다. 다시 말해 창세기 2:9절의 에덴동산 중앙에 있던 나무는 진리의 말씀으로 생명이라는 열매를 맺는 생명나무와 그것이 낳는 12실과 교회를 의미합니다. 부연하면 동산(성전) 중앙에 한 그루의 나무가 있었습니다. 그리고 그중 한 그루가 life(God, 생명력, 진리의 말씀)를 주었습니다.

즉 그리스도 예수께서 사람에게 진리의 말씀으로 호흡을 주셨습니다. 그런데 life(진리의 말씀)는 선과 악(right and wrong)의 차이를 알게 하는 특별한 능력(power, 하나님의 주권)을 사람에게 주었습니다. 이를 정리하면 life(하나님의 진리의 말씀)는 생명의 원천이고 능력입니다. 그런데 진리의 말씀은 선과 악의 차이의 분별을 포함합니다.

진리의 말씀을 우리에게 생명을 주는 원천으로 깨달으면 말씀은 생명이고 진리이지만, 선과 악을 분별하는 하나님의 주권(power)으로 인식하여 특별한 능력으로 하나님처럼 되겠다고 하면 그것이 죄이고 사망이며 멸망임을 계시하는 것입니다. 강조하여 다시 말하자면, 동산 중앙에는 나무가 한 그루만 있었던 것입니다.

고린도전서 9:24(1 Corinthians 9:24)

24. You know that many runners enter a race, and only one of them wins the prize. So run to win.

많은 사람들이 경주에 임하더라도 오직 한 사람만이 승리하는 줄 너희가 아는 바 너희도 상을 받기 위해서 경주에 참여하라.

많은 자들이 경기장에서 달음박질을 하지만, 우승을 하는 자는 오직 한 분뿐입니다. 바로 그리스도 예수입니다. 우리는 우리의 육체를 부정하고 그리스도 예수의 신부로써 그와 하나로 연합되어 그를 우리의 머리로 모시고 달음박질함으로 경기에서 우승을 할 수 있습니다. 즉, 그리스도 예수와 연합되어 그의 몸 된 교회로써 경기에 임할 때, 우리는 동산 중앙의 생명을 주는 나무 열매를 먹고 영생을 누릴 수 있게 됩니다.

요한계시록 22:1~2(Revelation 22:1~2)

1-2. The angel showed me a river that was crystal clear, and its waters gave life. The river came from the throne where God and the Lamb were seated.

Then it flowed down the middle of the city's main street.

On each side of the river are trees that grow a different kind of fruit each month of the year. The fruit gives life, and the leaves are used as medicine to heal the nations.

　그가 수정같이 맑은 생명수의 강을 내게 보이니 하나님과 및 어린 양의 보좌로부터 나와서 길 가운데로 흐르더라. 강 좌우에 생명나무가 있어 열두 가지 열매를 맺되 달마다 열매를 맺고 나무 잎사귀들은 만국을 치료하기 위하여 있더라.

동산 중앙에 서 있던 하늘의 양식,
온전한 십일조 되시는 그리스도 예수!

창세기 2:9(Genesis 2:9)

9. The Lord God placed all kinds of beautiful trees and fruit trees in the garden.

Two other trees were in the middle of the garden. One of the trees gave life-the other gave the power to know the difference between right and wrong.

여호와께서 동산에 아름다운 각종 나무와 과일나무를 심으셨는데 그 중에 두 그루가 동산 중앙에 있더라. 그 나무 중에서 한 그루는 생명을 주었고, 그 생명을 주는 또 다른 나무는 선악의 차이를 알게 하는 권능을 주었더라.

성경은 동산(성전, 교회, 물 댄 동산)에 두 그루의 나무가 있다고 말씀합니다. 하지만 두 그루의 나무는 결국 타락의 상태에 있는 흙으로 만들어진 '사람'에 의해 '두 가지'의 의미를 갖는 '힘'으로 인식될 수 있음을 말씀합니다.

"동산 중앙에는 다른 두 그루의 나무가 있더라. 나무들 중 하나는 생명 즉 어린 양의 피를 주었는데 그것은 선과 악의 차이를 아는 특별한 능력 하나님의 주권과 같더라."

여기서 우리는 Life, The Power, Give라는 어휘에 숨겨진 복음의 비밀을 보고 깨달아야 합니다. 다시 말씀드리자면 life는 없음의 존재에서 타락의 상태에 있던 흙으로 만들어져 공허와 혼돈 그리고 흑암과도 같았던 사람을 하나님의 형상을 닮은 생명이 있는 존재로 낳은 하늘의 생명력이고, 진리의 말씀이며, 생명의 씨앗이고 그리스도 예수이십니다.

그리스도 예수께서는 흙에 묻혀 자신이 죽으심으로 사람과 그의 신랑으로써 하나로 연합되어 사람을 살리시는 생명의 씨앗이 되는 무교병입니다. 생명나무가 사람을 진리의 말씀으로 옷 입혀 생명을 갖게 한 것입니다. 그런데 그것은 하나님의 특별한 능력으로써의 주권이기도 합니다. 선과 악의 차이를 아는 특별한 능력은 바로 하나님만의 주권으로써 생명의 씨앗이 되는 진리의 말씀입니다.

선악 판단의 주체가 되시는 분이 하나님이심을 분명히 하고 있는 말씀입니다. 하나님의 능력, 하늘의 생명력은 선과 악의 차이를 아는 하나님의 주권이고 그것이 진리의 말씀입니다. 즉, 성도는 선과 악의 분별을 통해 진리를 알고 생명을 갖게 되는 것입니다. 선과 악이라는 율법으로 진리의 말씀을 깨달아야 함을 말씀하시는 메시지가 바로 2:9입니다.

give라는 어휘는 우리가 익히 알고 있듯이 '주다'라는 의미를 가지고 있습니다. 하지만 그것은 단순히 '주다'라는 의미가 아닙니다. give의 어원을 살펴보면 선물로 주다, 숙명적으로 예정하다, 운명 짓다, 예배한다는 뜻을 가지고 있습니다.

이는 창세전에 이미 성부 아버지와 성자 예수님께서 '어린 양의 피'로 당신이 택한 자녀들을 그리스도 예수 안에서 아들들이 되게 하시려 작정(에베소서 1장) 하심과 무한 세계에서 작정하고 이루어진 구원을 유한 세상에서 반드시 성취하실 것임을 계시하는 강력한 증거인 것입니다. 즉, 흙으로 만들어진 인간의 타락은 우연이 아니며 하나님의 불완전성을 보여주는 실수도 아닙니다. 모든 것은 이미 무한의 영적 세계에서 작정되었고 완성되었던 것이며, 그것이 유한 세상에서 인간의 역사와 인생으로 펼쳐지는 과정이 복음이고 구원인 것입니다.

그러므로 인간의 타락과 원죄는 부정할 수 없는 필연적이고 운명적인 속성이고, 하나님을 떠나서는 생명을 얻을 수 없으며, 그리스도 예수의 사랑과 은혜 외의 어떤 것으로 인간을 구원할 수 없습니다. 그리스도 예수의 은혜는 생명입니다.

Give의 어원 중 하나가 예배입니다. 죽은 흙에 불과한 우리 안으로 들어오신 그리스도 예수와 하나로 연합됨으로 한 알의 밀알로 말미암아 우리는 생명을 얻고 생명의 씨앗이 되는 그리스도 예수를 갖게 되었습니다. 그러므로 이제 우리는 오직 그리스도 예수만을 제물 온전한 십의 일로서 받으시는 하나님 앞에 그리스도 예수라는 제물(십일조)을 갖은 산 제물로 진리의 말씀이 되어 살아 있는 영적 예배를 드릴 수 있는 것입니다. 십일조는 드리는 것이 아니라 성도 여러분이 온전한 십일조가 되어 드려지는 것입니다!

인간은 왜 원죄의 속성을 가질 수밖에 없는가?

창 2:9절을 살펴보면 에덴동산 중앙에 있던 나무는 한 그루였으며, 나무는 선과 악의 차이를 분별하는 하나님의 특별한 능력으로써의 주권이 되는 생명나무였음을 알 수 있습니다. 생명나무는 진리의 말씀을 담고 율법으로 오실 참 빛이요 길이요 진리이며 생명이 되시는 그리스도 예수의 예표이기도 합니다. 그것은 진리의 말씀으로 세워질 언약의 기둥을 뜻하기도 합니다. 그러면 어떻게 생명나무 실과가 인간의 죄를 유도하는지 살펴보도록 하겠습니다.

창세기 2:15~17(Genesis 2:15~17)

15. The Lord God put the man in the Garden of Eden to take care of it and to look after it.

여호와 하나님이 에덴동산에 사람을 두시고 이를 돌보게 하시며

16. But the Lord told him, "You may eat fruit from any tree in the garden,

이르시되 "동산에 각종 나무의 열매는 네가 먹되

17. except the one that has the power to let you know the difference between right and wrong. If you eat any fruit from that tree, you will die before the day is over."

선악의 차이를 알게 하는 권능을 가진 나무의 열매는 먹지 말라. 네가 만일 먹으면 정녕 죽으리라." 하시더라.

우리는 이제까지 첫 창조의 순간부터 말씀하시고 명령하시는 하나님의 소리를 성경을 통해 들었습니다. God(하나님)은 어린 양의 피(포도주, 올리브 오일을 부으며 누군가를 부르는 소리)라는 의미를 가집니다. 하나님은 소리 진리의 말씀으로 우리에게 끊임없이 하늘의 생명력을 부어 주시고 계십니다. 그러므로 우리는 하나님의 소리, 진리의 말씀에 귀를 기울여야 합니다. 그것이 하나님에 대한 순종이고 하나님께서 말씀하시는 순종입니다. 오늘 본문 2:16~17에서 하나님의 소리가 아담에게 말씀하십니다.

"너는 동산에 있는 어떤 나무의 열매든지 먹어도 되지만 선과 악의 차이를 알게 하는 하나님의 주권을 담고 있는 열매는 먹지 말라. 만일 나무의 어떤 열매든지 먹으면 날(낮)이 끝나기 전에 죽으리라."

우리는 2:16~17절과 더불어 3:2~3 절에서 인간의 죄(원죄)의 속성을 알수 있습니다. 하나님께서 말씀하시는 순종(obey)은 '귀를 기울이다.'라는 뜻입니다. 다시 말해 pay attention to(give ear, listen to)를 뜻합니다. 하나님께서는 순종의 의미를 종에 관한 율법을 통하여 가르쳐 주십니다.

율법에 따르면 6년간 종살이를 했던 종이 7년째 자유롭게 되는데, 종이 주인의 영원한 종이 되겠다고 하면 종의 오른쪽 귀를 뚫어 귀걸이를 달아 주고 그는 주인의 상속자가 되는 권한까지도 부여받고 주인의 영원한 종이 됩니다. 귀를 뚫는 이유는 주인에게 절대 순종하겠다는 표식으로써 다짐하는 증표이기 때문입니다. 즉, 순종은 행위의 열심을 의미하는 것이 아니라 절대자의 말씀에 귀를 기울여 잘 듣는 것을 뜻합니다. 하나님께서는 사람에게 말씀하셨습니다.

"You may eat fruit from any tree in the garden."

"If you eat any fruit from that tree, you will die before the day is over."

위에서 언급했듯 하나님께서 말씀하시는 순종은 행위가 아닌 귀 기울여 듣는 것을 의미합니다.

신명기 11:22(Deuteronomy 11:20)

22. Love the Lord your God and obey all the laws and teachings that I'm giving you today. If you live the way the Lord wants,

네 하나님 여호와를 사랑하고 내가 너희에게 이르는 모든 규례와 가르침에 귀 기울이라. 또 만일 네가 여호와께서 원하는 대로 산다면

개역 개정의 잘 지켜 행하여로 번역된 동사가 obey입니다. 단순히 행함을 뜻하는 것이 아닙니다. 하지만 사람은 하나님의 진리의 말씀에 청종하지 않고 선과 악을 구분하는 특별한 능력으로써의 하나님의 주권에만 관심을 갖고 하나님의 말씀을 지켜야 하는 행동 규칙(선과 악)이라는 율법으로 인식함으로 자체로써 불순종의 죄를 범하게 된 것입니다.

하나님께서는 말씀에 청종하지 않고, 진리의 말씀을 행동을 결정짓는 선과 악의 구분으로만 인식하는 것을 죄(sin)라고 하십니다. 사람이 원죄의 속성을 갖는 것은 최초의 사람인 아담과 하와가 단순히 선과 악을 알게 하는 선악과를 먹었기 때문이 아닙니다. 다음 3:2~3은 뱀의 질문에 대한 하와의 대답입니다.

창세기 3:2~3(Genesis 3:2~3)

2. The woman answered, "God said we could eat fruit from any tree in the garden

여자가 말하되 "여호와께서 이르기를 우리가 동산 각종 나무의 열매는 먹을 수 있으나

3. except the one in the middle. He told us not to eat fruit from that tree or even to touch it. If we do, we will die."
동산 중앙에 있는 나무의 열매는 먹지도 말고 만지지도 말라 하셨고 만일 우리가 먹거나 만지면 죽으리라." 하셨느니라.

하와의 말을 2:16~17의 하나님께서 하신 말씀과 비교하면 차이가 없어 보입니다. 하지만 아담과 하와는 하나님의 진리의 말씀을 청종하지 않고, 자신들의 판단과 가치로 재해석(not even touch it)함으로 불순종의 죄를 범하게 되었습니다. 타락의 산물인 흙으로 만들어진 육의 옷을 입고 있는 사람의 본성이고 실체입니다. 흙은 타락한 earth(land, soil)로부터 취해졌기에 그것으로 만든 육의 옷을 입은 사람 역시 타락할 수밖에 없는 죄의 속성을 갖고 땅으로 보내진 것입니다.

한편, 하나님께서는 생명나무 실과를 선악이라는 율법으로만 인식할 경우 죽게 될 것이라 경고하십니다. 죽다(die)는 굶주린다는 의미를 가집니다. 하나님께서는 타락한 흙으로 만든 육의 옷을 사람에게 입혀 죄를 짓게 함으로 굶주림과 목마름에 빠지게 한 것입니다. 의에 주리고 목마른 자만이 하늘의 양식이며 생명이 되는 하나님의 입에서 나오는 진리의 말씀을 구하고 두드리고 찾아 깨달을 수 있기 때문입니다. 육의 옷을 입고 죄를 범하여 하나님의 의에 굶주리고 목마르게 만들어 생명의 말씀으로 살리기 위한 하나님의 작정에서 모든 것은 시작된 것입니다.

"you will die before the day is over."

진리의 말씀을 선과 악을 구분 짓는 율법으로 잘못 깨달아 그것을 지키느냐 어기느냐의 가치로 행하려 한다면 낮이 끝나기 전에 굶주리게 되나라. 이 성경 구절은 요한복음 11:9~10, 로마서 6:23의 말씀과 맥락을 같이합니다.

요한복음 11:9~10(John 11:9~10)

9. Jesus answered, "Aren't there twelve hours in each day? If you walk during the day, you will have light from the sun, and you won't stumble.

예수께서 대답하시되 "낮이 열두 시간이 아니냐? 사람이 낮에 다니면 이 세상의 빛을 보므로 실족하지 아니하고

10. But if you walk during the night, you will stumble, because you don't have any light."

밤에 다니면 빛이 없음으로 넘어지리라."

생명나무는 진리의 말씀이고 그리스도 예수입니다. 길이요 진리요 생명이시며 참 빛 되시는 그리스도 예수께서 우리와 함께 계실 때, 우리는 진리를 깨달아 그와 연합하여 생명을 얻을 수 있습니다. 하지만 진리를 깨닫지 못하고 불순종한다면 우리는 점점 더 굶주림의 상태에 이르게 될 것입니다.

로마서 6:23(Romans 6:23)

Sin pays off with death. But God's gift is eternal life given by Jesus Christ our Lord.

죄의 삯은 사망이나 하나님의 선물은 우리 주 그리스도 예수에 의해

작정되고 예정되어 주어진 영생이라.

　불순종은 죄를 낳습니다. sin(죄)은 offense against God(하나님을 위반하다, 대항하다), transgress(넘어서다, 넘어가다, 벗어나다)라는 의미를 가집니다. 즉, 생명 생명의 씨앗으로 흙에 불과한 사람 안으로 들어오신 진리의 말씀을 넘어서 자신이 '선악을 구분하는 하나님의 주권'을 가지고 선악의 주체가 되겠다며 진리의 말씀으로부터 벗어난 3:2~3의 사람(뱀)의 속성이 죄를 낳은 것입니다.

　참 빛 되시는 그리스도 예수를 생명의 씨앗으로 깨닫게 되면 우리에게 생명나무 실과를 통하여 영생이 주어지지만, 그리스도 예수를 율법으로만 인식하여 행위로써 지키겠다고 하면 불순종으로 말미암아 죄를 낳게 되고 끝은 사망입니다.

구원이란 무엇인가?

창세기 2:21~25(Genesis 2:21~25)

21. So the LORD God made him fall into a deep sleep, and he took out one of the man's ribs. Then after closing the man's side

그리하여 여호와 하나님께서 그 남자를 깊이 잠들게 하시고, 그 남자의 갈빗대 하나를 취하시니라. 그런 후 그 남자의 절반을 채우시고(닫으시고)

22. the LORD made a woman out of the rib. The LORD God brought her to the man

여호와 하나님께서 갈빗대로 여자를 만드시고 남자에게 데려가시더라.

23. and the man exclaimed "Here is someone like me! She is part of my body, my own flesh and bones. She came from me, a man. So I will name her Woman!"

이에 남자가 찬양하고 외치며 이르되 "여기 나와 같은 이가 있다. 그녀는 내 몸과 살과 뼈의 일부라. 그녀는 나 흙에서 온 남자에게서 왔으니 그녀를 여자라 부르리라." 하니라.

24. That's why a man will leave his own father and mother. He marries a woman, and the two of them become like one person.

그러므로 남자가 자신의 부모를 떠날 것이고, 그들 둘은 한 사람처럼 되리라.

25. Although the man and his wife were both naked, they were not ashamed.
남자와 그의 아내는 벌거벗었지만, 그들은 부끄러워하지 않았다.

우리는 성경이 말씀하는 남자(man)와 여자(woman) 그리고 둘이 하나가 될 때 만들어지는 사람(human)의 실체를 정확히 이해해야 죄와 불순종 그리고 구원의 의미를 깨달을 수 있습니다. 한 줌의 흙으로 시작된 지상에서의 창조로부터 시작된 구원의 역사를 이해해야 복음을 깨달을 수 있습니다. 여호와 하나님께서는 한 줌의 흙(a handful of soil)으로 남자(man)를 만드시고 생명력(life)을 불어넣어 생명을 주셨습니다. 즉, 타락과 더럽힘 그리고 혼란과 저주를 의미하는 흙 없음과 죽음의 상태로부터 하나님의 은혜를 입어 생명이 된 것입니다. man은 사람(human being, Adam, husband, earth, ground, soil)을 뜻합니다. farmer(농부), tiller of the soil(흙을 경작하는 자)을 뜻합니다.

다시 말해, 여호와 하나님의 은혜로 말미암아 생명을 얻었지만, 흙으로 만들어진 흙을 경작하는 자이기에 땅의 소산을 좋아할 수밖에 없는 속성을 가지고 있으며 죄 성을 지니고 있는 것입니다. 한편 그는 여호와 하나님으로부터 말씀 율법을 받은 최초의 사람이었습니다. 하지만 말씀에 청종(순종)하지 않고 잘못 듣고 잘못 깨달음으로 그는 생명의 씨앗이 아닌 선과 악이라는 율법으로써 엉뚱한 말을 갖게 된 것입니다. 아울러 남자는 장차 오실 자의 모형이기도 합니다.

여호와 하나님께서는 그를 깊이 잠들게(sleep) 하셨습니다. sleep은 고통 없는 죽음 혹은 죽음의 반응을 뜻합니다. 그는 에덴동산, 즉 골고다 언덕의 언약 기둥에서 죽임당한 그리스도 예수의 모형입니다. 그리스도 예수께서 죽으심으로 언약이 성취되고 교회가 완성되었듯이, 아담이 죽음, sleep(잠들다)으로 여자(wife, 신부)가 만들어졌습니다. rib은 절반(반쪽, side)을 뜻합니다. 여자는 남자의 절반으로 만들어진 남자의 일부입니다. 즉 남자(man, 아담)와 여자(woman, 하와)가 진리의 말씀 생명나무 실과로 one person(연합) 될 때 그들은 비로소 사람이 되는 것입니다.

여기서 우리가 주목할 것은 남자는 흙으로 만들어져 life(진리의 말씀)가 불어넣어짐으로 생명을 가진 자가 되었지만 여자는 남자의 절반을 취하여 그의 반쪽으로써 만들어졌다는 것입니다. 즉 교회, 성도가 되는 여자의 생명은 신랑 되시는 그리스도 예수로부터만 오는 것입니다.

rib은 지붕을 덮는다는 것을 뜻합니다. 즉 남자 안에 그의 반쪽(절반)이 되는 신부가 내재하고 있었던 것입니다. 그러므로 둘이 하나가 되어 연합되어야 함은 당연합니다. 여자는 장차 오실 자가 되시는 그리스도 예수의 모형인 남자의 신부로써 그와 하나가 될 때 비로소 생명을 얻게 되는 것입니다. '암탉이 달걀을 덮듯 진리의 말씀이 여자를 덮어 하나로 연합된 상태.'가 남자의 rib입니다. 그런데 우리는 창세기 2:22절과 3:3절 말씀을 통해 두 가지 의문점을 가져야 합니다. 첫째는 위에서도 언급했듯이, 여호와 하나님께서는 남자의 rib으로 여자를 만드시고 life를 불어넣지 않으셨습니다. 이것이 의미하는 것이 무엇일까요?

우리는 두 가지 메시지를 깨달아야 합니다. 하나는 남자(man, 아담) 안에 여자(rib, 하와)로써 절반으로 연합되어 있던 여자의 생명은 전적으로 그리스도 예수로부터 온다는 것입니다. 자신의 의지 혹은 노력이나 열심이 아닌 하나님의 은혜로 말미암아 생명을 얻는 것입니다. 그러므로 여자(rib, 하와)는 신랑과 떨어져서는 생명을 유지할 수 없습니다.

두 번째는 흙으로 만든 남자의 절반으로부터 창조된 여자는 타락의 속성을 지니고 있고 그녀에게는 life(진리의 말씀)이 불어넣어지지 않았기에 죽은 존재입니다. 그러므로 그녀가 살기 위해서는 생명의 씨앗을 가진 남자(man, 아담)와 하나가 되어야 합니다.

두 번째 의문점은 여호와 하나님께서는 동산 중앙의 열매에 대해 여자에게 아무런 말씀도 주시지 않았습니다. 그런데 여자는 누구에게서 열매에 대한 말씀을 전해 들었을까요? 여자에게는 생명력이 불어넣어지지 않았기 때문에 죽은 존재나 마찬가지였습니다. 그녀에게는 진리의 말씀이 없었던 것입니다. 그러므로 남자를 통해 전해들은 하나님의 말씀을 청종하지 못하고 진리가 아닌 지키고 행해야 한다는 엉뚱한 율법으로 깨달았던 것입니다.

다른 하나는 타락한 흙으로 만들어진 남자에게서 전해들은 하나님의 말씀을 생명의 씨앗으로 받지 못하고 율법으로 인식했기에 죄(sin)를 범하게 된 것입니다. 그런데 왜 성경은 '아담'의 죄로부터 세상에 죄가 들어왔다고 할까요? 타락의 속성을 지니고 있는 흙으로 만들어진 육의 옷을 입고 있던 남자는 하나님의 진리의 말씀을 생명의 씨앗으로 깨닫지 못했던 것입니다. 엉뚱한 말을 가지고 있었기에 비 진리의 말을 여자에게 전하여 잘못된 열매를 맺음으로 남자는 죄인이 된 것이고 여자 역시 죄인입니다. 그리스도 예수는 진리의 말씀이 되시는 여호와 하나님(부모)을 떠나 여자와 결혼(marry, to give)하여 진리의 말씀 안에서 그녀의 신랑(절반)으로써 하나가 됩니다. 구원은 신랑 되시는 그리스도 예수와 그의 신부로써 하나로 연합될 때 성취됩니다.

그리스도인의 삶, 영적 전쟁, 진리의 말씀에 의해서
첫 열매 곧 온전한 십일조로 세워져서 진리가 되는 것!

요 21:18은 성도가 어떻게 자신의 죄의 문제를 해결할 수 있고 비로소 그리스도의 형상이 되는 사람으로 재창조되어 새 하늘과 새 땅으로 부활할 수 있는지를 부활하신 그리스도 예수께서 제자들에게 설명하는 장면입니다. 곧 천국 복음을 하나님이 당신의 신부이자 아들인 교회(성도)에게 설교하는 그림이며, 앞으로 이 복음이 수많은 생명을 첫 열매 곧 십일조로 낳을 것임을 암시하는 그림입니다.

요한복음 21:18(John 21:18)
18. Christ Jesus said I tell you for certain that when you were a young man, you dressed yourself and went wherever you wanted to go. But when you are old, you will hold out your hands. Then others will wrap your belt around you and lead you where you don't want to go.
내가 진실로진실로 너희에게 이르노니 너희가 어렸을 때(젖먹이)에는 스스로 옷을 짜서 해 입고 원하는 곳은 어디든지 다녔으나 이제 나이 드니 너희 손을 내밀 것이요 누군가 네게 띠를 띠우고 네가 가기를 원치 않는 곳으로 너를 인도하리라.

위 요 21:18은 하나님이신 예수님께서 당신이 택한 아들들을 어떻게 구원하는지에 관해 설명하시는 복음의 핵심입니다. 여기서 말하는 어린 시절은 선악과를 따 먹고 하나님이 된 사람이 스스로 인지하는 선악이라는 율법 곧 엄마 젖을 양식 삼아서 세상 풍조를 쫓으며 하나님과 이혼하고 하나님께 죄를 행하며 죄의 종노릇을 하는 때를 의미합니다.

그 시기 동안에 사람은 자신이 인지하는 선악의 율법으로 옷을 짜서 해 입고 행위로서 행하면서 왕 흉내를 내며 살아가게 됩니다. 다시 말해, 세상 풍조 혹은 율법이라는 이른 비를 맞으며 아무리 먹어도 배고픔이 해소되지 않는 가짜 열매를 맺습니다. 하지만 하나님이 정해 놓으신 때가 차면 하나님이며 성령이신 그리스도 예수께서 나라는 땅으로 한 알의 밀알로 들어오셔서 떨어져 썩어짐으로 길도 없고 물도 없던 사막과도 같았던 내가 갈아엎어져서 옥토가 됩니다. 그리고 말씀으로 창조된 이유로 나라는 마음의 밭에 숨겨져 있던 말씀 곧 두루마리가 성령에 의해서 풀어지고 밝히 드러남으로 나는 비로소 진리의 말씀을 깨닫게 되고 이전과는 완전히 다른 '새 하늘과 새 땅'으로 재창조되게 됩니다.

내 안에 감춰져 있던 말씀이라는 보화가 성령의 조명을 받아서 빛으로 드러나고 비로소 나는 하나님의 창세전 작정과 예정대로 하나님과 같은 신(god)으로 재창조 됩니다.

곧 진리의 말씀에 의해서 하나님의 첫 열매, 장자 즉 십일조로 맺힙니다. 내 안에 신 곧 하나님이 계시니 나는 그의 집 곧 성전입니다. 그렇게 하나님은 나를 heavens(하늘의 아들들)로 지으셨습니다. 내 안에 하나님이 계시니 그 하나님으로 인하여 나 역시 신(god)으로 세워집니다.

Epilogue

    십일조는 한국 교회 안에서 여전히 뜨거운 감자입니다.
    구약의 율법이고 유대교에만 적용되는 거다, 아니다 하나님의 명령이니 여전히 유효하고 반드시 지켜야 한다 혹은 돈이다 돈이 아니다. 십일조는 하나님을 인정하는 신앙이고 믿음이다, 십일조를 해서는 안 된다 혹은 할 필요가 없다고 주장하는 사람들은 십일조 하는 것이 싫어서 그런 말을 하는 것이다 등 말들이 참 많은 것이 십일조입니다. 하지만 이렇게 왈가왈부할 필요도 없고, 내 말이 맞고 네 말은 틀리다고 다툴 필요도 없습니다. 왜냐하면 우리에게는 성경을 하나님의 관점에서 풀어주는 훌륭한 교사가 있기 때문입니다. 바로 성령입니다.
    바울은 에베소서 4:4절에서 그리스도의 복음을 믿는 성도는 그리스도 예수를 머리로 하는 교회의 한 몸이라고 했습니다. 그러므로 성도는 한 하나님의 영 성령이 주시는 동일한 소망을 값없이 받는다고 했습니다. 그런즉, 한 하나님께로부터 오는 동일한 성령을 받은 성도가 그리스도 예수에 관해 증언하는 성경을 각기 다른 말로 들을 수 없습니다. 성령은 각기 다른 말을 하지 않고 오직 그리스도 예수에 관해서만 증언합니다.
    그 동일한 성령이 이렇게 증언합니다. 성경은 나를 대표하는 온전한 십일조 그리스도 예수께서 나를 죄로부터 건져내어 무덤 밖으로 불러내서 교회로 세우는 Exodus Ecclesia에 관한 증언입니다. 그런데 나를 죄로부터 건져내어 자유를 주시는 그리스도 예수는 온전한 십일조입니다.
    그분은 나를 대표하는 영 단번의 속전이요 죄 없이 은 20에 이집트로 팔려간 요셉이요 은 30에 팔린 그리스도 예수입니다. 그분은 또 이스라엘 열두 지파를 대표해서 하나님께 드려진 레위지파나 성도를 대표하는 열 두 제자의 본체입니다.

그분은 처음 난 것 장자 하나님의 것, 온전한 십일조입니다.

십일조는 생업 활동으로 얻은 땅의 소산의 일부가 아닙니다.
땅의 소산은 땅에 속한 자가 취합니다. 십일조는 땅의 것으로 드리는 것이 아니라 하늘의 양식으로 드리는 것이고, 딱 한 번 드리는 것입니다. 십일조는 하나님이 당신을 위해서 직접 준비하십니다. 나를 대표해서 나의 죗값을 보증 서줄 수 있는 제물이 온전한 십일조입니다. 온전한 십일조는 아벨이 드린 어린 양, 처음 난 것 하나님의 것 그리스도 예수입니다!
온전한 십일조는 그리스도 예수입니다!